BESTACTIVITYBOOKS.COM

PREMIERE ÉDITION

Dépôt légal, 2022

Illustration Graphique Extra: www.freepik.com
Merci à Alekksall, Starline, Pch.vector, Rawpixel.com, Vectorpocket, Dgim-studio, Upklyak, Macrovector, Stockgiu, Pikisuperstar & Freepik.com Designers

5 ASTUCES POUR DÉMARRER !

1) COMMENT RÉSOUDRE LES MOTS MÊLÉS

Les puzzles sont dans un format classique :

- Les mots sont cachés sans espaces, tirets, ...
- Orientation : Les mots peuvent être écrits en avant, en arrière, vers le haut, vers le bas ou en diagonale (ils peuvent être inversés).
- Les mots peuvent se chevaucher ou se croiser.

2) UN APPRENTISSAGE ACTIF

Un espace est prévu à côté de chaque mots pour noter la traduction. Pour favoriser un apprentissage actif un **DICTIONNAIRE** à la fin de cette édition vous permettra de vérifier et étendre vos connaissances. Cherchez et notez les traductions, trouvez-les dans le Puzzle et ajoutez-les à votre vocabulaire !

3) MARQUEZ LES MOTS

Vous pouvez inventer votre propre système de marquage. Peut-être en utilisez-vous déjà un ? Sinon, vous pourriez, par exemple, marquer les mots qui ont été difficiles à trouver d'une croix, ceux que vous avez aimés d'une étoile, les mots nouveaux d'un triangle, les mots rares d'un diamant, etc...

4) STRUCTUREZ VOTRE APPRENTISSAGE

Cette édition vous offre un **CARNET DE NOTES** très pratique à la fin du livre. En vacances ou en voyage ou à la maison, vous pouvez facilement organiser vos nouvelles connaissances sans avoir besoin d'un second bloc-notes !

5) VOUS AVEZ FINI TOUTES LES GRILLES ?

Allez à la section bonus **CHALLENGE FINAL** pour trouver un jeu gratuit à la fin de cette édition !

Simple et Rapide ! Découvrez notre collection de livres d'activités pour votre prochain moment de détente et **d'apprentissage**, à juste un clic de distance !

Trouvez votre prochain défi sur :

BestActivityBooks.com/MonProchainLivre

À vos marques, prêts... Partez !

Saviez-vous qu'il existe environ 7 000 langues différentes dans le monde ? Les mots sont précieux.

Nous aimons les langues et avons travaillé dur pour créer les livres de la plus haute qualité pour vous. Nos ingrédients ?

Une sélection des thématiques d'apprentissage adaptée, trois belles parts de divertissement, puis nous ajoutons une cuillère de mots difficiles et une pincée de mots rares. Nous les servons avec soin et un maximum de plaisir pour vous permettre de résoudre les meilleurs jeux de mots mêlés qui soient et d'apprendre en vous amusant !

Votre avis est essentiel. Vous pouvez participer activement au succès de ce livre en nous laissant un commentaire. Nous aimerions vraiment savoir ce que vous avez préféré dans cette édition !

Voici un lien rapide qui vous mènera à la page d'évaluation de vos commandes :

BestBooksActivity.com/Avis50

Merci pour votre aide et amusez-vous bien !

De la part de toute l'équipe

1 - Adjectifs #2

관	마	책	임	즐	물	식	생	야	활	공	예	영	시
관	른	츠	림	농	서	식	산	심	재	심	술	재	심
짠	동	사	하	스	캠	동	적	도	시	동	물	뽐	시
그	투	관	재	마	순	다	인	퍼	뽐	퍼	도	마	식
야	가	활	권	서	법	수	임	하	츠	졸	린	렵	이
예	도	포	심	창	조	적	한	아	우	서	구	권	도
건	유	휴	서	퍼	활	투	강	관	투	야	새	로	운
강	봉	명	극	적	인	서	투	서	농	구	마	농	러
한	림	설	한	동	공	물	가	임	심	수	게	퍼	스
정	통	하	즐	뽐	진	권	서	서	활	휴	캠	임	랑
여	캠	진	휴	뽐	사	법	구	기	운	러	스	연	자
렵	게	진	구	스	즐	식	가	술	로	마	렵	수	봉
킹	도	이	임	임	재	임	활	농	미	춤	물	독	예
투	그	즐	스	스	포	사	진	킹	흥	핑	도	서	휴

정통
유명한
창조적
설명
영재
극적인
우아한
자랑스러운
강한
흥미로운
자연스러운
새로운
생산적인
순수한
책임
건강한
야생
마른
졸린

2 - Formes

즐	독	물	렵	진	마	쌍	원	프	리	즘	게	뽐	림
진	농	원	권	독	호	곡	야	휴	자	피	심	즐	관
동	츠	다	그	타	춤	선	봉	스	장	라	삼	각	형
게	관	춤	춤	원	게	관	림	재	가	미	가	림	다
실	린	더	곡	형	각	사	정	다	캠	드	구	퍼	렵
모	서	리	선	각	츠	그	공	원	각	여	체	마	법
임	법	게	츠	사	동	봉	마	스	서	형	야	시	재
즐	캠	포	가	직	편	관	림	퍼	낚	임	킹	식	수
동	활	낚	킹	츠	킹	즐	측	이	이	다	스	농	하
낚	그	핑	권	식	퍼	재	면	하	다	킹	동	캠	독
츠	구	스	관	다	게	편	선	그	활	봉	렵	마	포
진	타	마	가	사	캠	활	그	춤	입	게	활	술	게
물	원	원	뽐	투	캠	캠	즐	춤	방	원	낚	물	재
물	뿔	구	다	기	원	가	독	춤	체	휴	독	편	농

가장자리
정사각형
모서리
곡선
원뿔
측면
입방체
실린더
타원
쌍곡선
타원형
다각형
프리즘
피라미드
직사각형
구체
삼각형

3 - Adjectifs #1

수	투	캠	관	도	서	활	이	동	그	예	식	스	렵
이	수	예	킹	편	완	벽	한	기	동	진	뽐	관	이
포	도	물	동	일	휴	독	예	물	도	봉	동	술	수
수	여	도	활	동	적	인	물	가	시	마	즐	그	가
킹	관	림	마	거	권	가	편	서	킹	순	퍼	도	원
관	대	한	뽐	림	창	하	이	느	포	현	진	다	킹
휴	그	방	무	거	운	한	하	독	린	대	재	한	투
얇	은	향	투	그	다	진	정	매	력	적	인	예	물
포	진	족	이	진	름	공	직	퍼	낚	술	시	낚	권
뽐	핑	독	권	원	아	핑	한	봉	마	예	시	게	렵
법	심	봉	권	캠	뽐	식	법	다	권	포	이	기	포
봉	가	투	핑	편	술	예	퍼	스	렵	도	국	여	중
그	식	그	구	낚	동	거	대	한	사	어	적	구	요
예	수	게	순	수	한	여	기	도	활	린	인	심	뽐

순수한
활동적인
거창한
방향족
예술적
매력적인
아름다운
이국적인
거대한
관대 한

정직한
동일
중요
순진한
어린
느린
무거운
얇은
현대
완벽한

4 - Instruments de Musique

하	그	즐	플	다	다	시	가	포	진	임	핑	포	첼
식	모	술	루	킹	이	하	스	야	농	동	피	투	로
편	사	니	트	킹	여	스	재	춤	동	공	아	그	낚
동	츠	편	카	관	그	독	클	징	편	본	노	게	야
법	스	법	휴	렵	공	춤	라	색	휴	롬	춤	심	사
밴	동	권	수	예	하	퍼	리	소	법	트	오	관	독
조	독	림	예	법	즐	마	넷	폰	서	럼	보	휴	야
구	독	예	여	서	춤	림	만	편	진	펫	에	야	그
예	즐	기	사	츠	서	바	공	돌	공	핑	법	킹	예
츠	시	핑	가	시	투	서	바	다	린	타	악	기	핑
술	심	하	스	물	이	권	이	킹	버	봉	하	야	법
관	공	사	바	즐	핑	기	올	이	탬	북	프	즐	심
사	그	뽐	게	순	림	타	린	봉	포	구	사	임	권
여	츠	구	가	가	이	렵	진	편	편	시	스	하	기

밴조
바순
클라리넷
플루트
기타
하모니카
하프
오보에
만돌린
마림바
타악기
피아노
색소폰
탬버린
트롬본
트럼펫
바이올린
첼로

5 - Échecs

식	재	상	대	농	다	핑	핑	독	봉	낚	재	춤	진
진	츠	사	동	하	왕	사	다	킹	다	츠	예	농	식
블	랙	그	림	얀	예	법	퀸	농	도	략	스	공	즐
술	수	휴	봉	관	사	심	재	즐	법	전	뿜	츠	가
춤	동	핑	포	법	술	춤	다	권	포	봉	마	퍼	포
낚	태	물	가	투	시	야	렵	뿜	여	다	포	캠	동
기	동	게	규	기	플	여	임	임	물	희	생	기	가
독	림	구	칙	재	레	포	시	포	봉	원	춤	법	원
권	챔	이	서	수	이	식	마	스	즐	핑	활	여	림
법	피	투	휴	임	어	게	임	렵	이	편	사	법	권
재	언	심	하	도	마	여	술	시	술	구	마	심	도
구	야	공	물	독	시	토	너	먼	트	기	영	권	사
독	도	수	하	츠	각	물	회	술	물	권	리	서	예
독	다	마	수	핑	퍼	활	관	대	각	선	한	핑	야

상대
하얀
챔피언
대회
도전
대각선
영리한
게임

플레이어
블랙
수동태
규칙
희생
전략
시각
토너먼트

6 - Herboristerie

요	퍼	편	편	포	구	재	즐	츠	봉	투	타	라	곤
핑	리	맛	물	동	농	휴	공	야	킹	농	뽐	투	진
예	편	관	권	츠	포	서	바	정	뽐	림	핑	츠	도
이	춤	낚	시	구	파	독	질	원	야	킹	녹	색	하
성	렵	공	뽐	사	슬	방	킹	농	회	라	춤	다	다
분	포	그	마	도	리	마	향	킹	향	다	벤	가	권
농	민	포	공	춤	마	조	리	족	심	활	진	더	권
뽐	트	진	투	독	즈	람	백	심	임	식	퍼	킹	휴
이	독	유	법	그	로	농	림	퍼	진	게	킹	림	게
스	꽃	익	시	독	투	식	캠	낚	예	권	공	핑	품
마	여	한	퍼	수	사	시	이	진	기	재	포	식	질
늘	림	즐	식	편	프	심	농	림	가	봉	재	하	관
물	휴	재	다	편	란	여	독	가	시	재	낚	뽐	핑
츠	진	관	심	다	진	마	서	편	하	가	농	법	심

마늘
방향족
바질
유익한
요리
타라곤
회향
성분
정원

라벤더
마조람
민트
파슬리
품질
로즈마리
사프란
백리향
녹색

7 - Véhicules

그	게	심	킹	렵	낚	야	독	츠	로	켓	럭	포	서
법	츠	게	차	즐	잠	헬	리	콥	터	랙	트	물	사
타	동	그	캠	뻠	재	수	동	퍼	핑	재	구	림	포
농	이	기	서	임	공	임	함	게	수	독	독	법	술
관	심	어	야	도	츠	식	사	봉	공	기	이	서	캠
퍼	식	시	서	임	림	버	스	자	전	거	하	수	포
농	게	활	이	서	투	나	룻	배	가	뗏	목	예	즐
킹	동	물	하	사	춤	진	게	활	가	식	서	킹	렵
다	낚	여	여	동	캐	러	밴	술	여	춤	원	이	마
물	퍼	핑	림	동	물	킹	활	농	투	즐	술	심	관
동	춤	동	그	재	그	공	비	기	포	활	공	기	하
마	물	마	임	낚	재	낚	행	식	권	여	마	뻠	차
투	캠	물	독	심	심	킹	기	림	핑	택	모	터	급
스	쿠	터	지	하	철	예	활	여	물	시	술	여	구

구급차
비행기
버스
트럭
캐러밴
나룻배
로켓
헬리콥터
지하철
모터
타이어
뗏목
스쿠터
잠수함
택시
트랙터
기차
자전거

8 - Camping

츠	구	하	동	법	관	수	도	동	지	재	수	사	게
도	가	기	식	다	독	캐	빈	물	도	텐	트	농	스
하	뱀	법	달	가	기	즐	투	관	뱀	구	밧	원	편
도	구	도	캠	춤	그	서	포	활	다	도	줄	츠	그
마	야	마	물	도	림	야	식	원	공	게	관	재	심
험	스	사	권	물	야	핑	투	예	시	사	림	술	물
모	다	핑	스	이	해	먹	그	호	뱀	농	공	재	물
자	농	그	수	관	퍼	포	자	렵	수	식	츠	즐	관
춤	야	물	캠	그	산	시	봉	연	림	나	사	독	예
츠	불	여	공	구	장	즐	편	나	침	반	무	포	뱀
독	포	하	동	권	비	동	야	림	독	킹	하	사	법
야	원	이	도	기	식	휴	렵	포	렵	독	도	렵	핑
핑	곤	충	게	물	투	편	농	게	투	카	법	야	포
마	숲	동	뱀	기	예	하	춤	이	림	누	투	임	스

동물
나무
모험
나침반
캐빈
카누
지도
모자
수렵
밧줄
장비
해먹
곤충
호수
자연
텐트

9 - Écologie

편	투	뽐	공	원	자	산	편	그	그	관	도	예	예
법	마	서	렵	관	즐	연	진	원	낚	법	가	재	사
스	렵	림	사	법	다	다	스	도	공	공	가	캠	그
지	속	가	능	한	자	편	술	러	휴	커	활	관	독
다	양	성	가	진	봉	연	물	투	운	스	뮤	물	재
여	예	습	지	글	로	벌	종	법	농	농	낚	니	임
킹	핑	투	식	공	스	예	공	활	심	심	원	킹	티
봉	원	다	서	기	후	마	낚	낚	재	이	봉	동	구
술	진	선	박	도	시	마	다	술	시	그	츠	킹	공
법	가	뭄	식	츠	초	목	법	진	관	플	진	사	캠
서	마	뽐	법	가	식	진	렵	휴	춤	로	야	사	하
낚	관	생	존	군	물	동	그	휴	농	라	기	동	재
시	즐	편	가	공	여	휴	킹	종	뽐	시	농	임	술
포	야	핑	편	뽐	동	심	원	류	물	심	투	구	츠

기후
커뮤니티
다양성
지속 가능한
동물군
플로라
글로벌
서식지
습지
선박
자연
자연스러운
식물
자원
가뭄
생존
종류
초목

10 - Géométrie

즐	농	투	법	물	시	휴	야	춤	투	가	츠	도	가
야	서	다	임	법	관	츠	원	진	투	휴	공	수	식
심	독	시	공	편	봉	뽐	권	게	봉	재	구	다	비
기	관	편	농	예	분	절	활	질	량	각	도	가	율
권	봉	핑	캠	하	심	편	곡	선	원	물	계	산	수
활	식	원	킹	사	렵	낚	지	름	투	포	핑	캠	편
그	퍼	구	게	수	법	서	삼	각	형	마	봉	뽐	포
휴	뽐	봉	진	기	춤	포	동	심	사	가	츠	재	활
진	치	수	진	평	중	이	시	여	핑	캠	투	캠	사
춤	낚	스	권	츠	행	앙	즐	서	논	기	즐	춤	동
퍼	술	식	법	스	활	동	값	키	리	퍼	활	캠	재
예	표	면	시	서	농	물	수	방	정	식	대	세	렵
진	봉	식	진	사	물	여	킹	이	론	구	칭	로	춤
즐	퍼	포	시	기	투	농	다	법	뽐	뽐	핑	활	이

각도
계산
곡선
지름
치수
방정식
논리
질량
중앙값
평행
비율
분절
표면
대칭
이론
삼각형
세로

11 - Les Médias

의	개	인	기	회	임	스	포	스	그	동	예	사	텔
시	견	교	육	로	그	다	임	그	공	츠	여	법	레
재	산	예	권	망	서	렵	가	권	다	오	술	게	비
독	업	림	핑	예	사	여	로	림	이	디	지	털	전
투	이	미	지	원	농	휴	컬	권	캠	라	기	봉	여
심	수	뽐	킹	캠	퍼	지	서	게	휴	예	야	사	츠
렵	구	스	농	스	심	스	적	예	물	진	식	다	진
포	공	공	의	야	게	문	술	인	동	낚	야	예	그
동	림	퍼	투	야	통	신	뽐	라	구	수	구	뽐	렵
퍼	사	기	렵	도	스	공	퍼	온	광	고	봉	즐	활
재	태	도	림	퍼	여	낚	물	공	낚	사	실	진	임
재	수	킹	수	낚	투	권	판	휴	구	재	그	농	사
수	편	하	포	법	게	캠	임	이	포	활	식	예	킹
사	가	여	게	서	캠	공	츠	도	킹	동	농	츠	낚

태도
광고
통신
온라인
교육
사실
이미지
개인
산업
지적인

신문
로컬
디지털
의견
사진
공공의
라디오
회로망
텔레비전

12 - Philanthropie

하	기	휴	독	투	여	목	프	로	그	램	즐	동	물
법	예	서	투	츠	편	표	낚	도	사	시	스	임	권
림	즐	킹	즐	포	스	투	금	활	원	술	다	식	가
낚	공	퍼	진	관	임	이	융	뽐	사	자	선	시	여
야	이	재	즐	휴	연	락	처	시	게	권	심	킹	도
글	로	벌	핑	핑	사	이	사	기	츠	핑	편	하	전
마	휴	시	관	필	하	커	람	캠	편	스	자	인	스
진	권	킹	낚	가	요	뮤	들	청	스	재	금	그	류
캠	하	그	하	어	핑	니	심	소	캠	심	낚	도	캠
원	킹	룹	서	린	관	티	게	년	게	공	즐	서	독
구	법	뽐	명	이	공	공	의	정	킹	관	심	렵	편
활	구	역	사	림	진	가	핑	봉	직	재	낚	시	예
독	봉	게	낚	다	낚	마	도	게	서	도	동	봉	도
도	관	대	기	법	기	투	독	활	즐	권	춤	낚	가

필요
목표
자선
커뮤니티
연락처
도전
어린이
금융
자금
사람들
관대
글로벌
그룹
역사
정직
인류
청소년
사명
프로그램
공공의

13 - Diplomatie

편	인	도	주	의	투	해	성	수	커	정	부	관	그
임	진	물	사	국	포	대	결	해	원	뮤	권	캠	투
포	구	술	교	외	마	사	무	책	츠	고	니	봉	독
마	스	심	구	여	편	관	갈	재	퍼	문	야	티	예
기	춤	권	임	활	진	림	등	구	사	진	진	투	핑
심	퍼	예	봉	활	핑	동	쁨	임	활	토	법	농	춤
농	물	핑	재	재	식	마	휴	술	봉	예	론	휴	포
킹	동	술	물	게	예	그	휴	대	사	활	임	렵	기
식	진	츠	물	심	공	사	킹	시	츠	쁨	예	스	술
봉	스	물	수	식	츠	협	력	민	활	핑	낚	휴	다
캠	식	재	편	관	사	농	게	서	낚	동	낚	쁨	이
임	조	퍼	치	정	의	즐	편	다	윤	쁨	농	식	포
사	약	이	도	사	임	관	렵	림	리	술	스	츠	심
기	수	투	농	여	서	야	예	물	학	식	쁨	보	안

대사관
대사
시민
커뮤니티
갈등
고문
협력
외교
토론
윤리학
외국의
정부
인도주의
무결성
정의
정치
해결
보안
해결책
조약

14 - Électricité

전	기	레	편	낚	서	식	관	수	서	예	관	이	여
게	수	이	텔	레	비	전	하	킹	도	농	기	도	법
하	서	저	뽐	권	시	시	스	츠	식	림	구	다	춤
휴	그	심	츠	식	포	가	여	권	독	낚	마	스	킹
긍	정	적	인	편	야	동	농	다	휴	림	핑	독	법
재	진	시	마	포	렵	봉	관	가	핑	림	서	자	석
구	임	춤	재	술	캠	케	수	활	여	편	렵	양	츠
사	다	서	회	로	망	이	기	농	원	진	즐	스	츠
도	시	뽐	투	술	진	블	야	재	동	식	서	즐	투
공	재	부	식	게	공	마	휴	즐	캠	렵	임	킹	예
전	선	발	정	츠	술	낚	물	원	여	야	야	캠	춤
투	저	화	전	적	공	사	소	켓	기	물	서	배	예
비	장	퍼	사	기	인	물	림	춤	독	램	활	터	농
츠	독	예	핑	권	춤	봉	서	권	렵	츠	프	리	휴

자석
배터리
케이블
전공
전기
장비
전선
발전기
램프
레이저
부정적인
사물
긍정적 인
소켓
회로망
저장
전화
텔레비전

15 - Astronomie

스	이	코	관	투	캠	가	즐	핑	기	여	사	그	하
임	달	스	태	캠	기	활	마	관	그	활	진	하	츠
기	이	모	양	게	이	편	스	뽐	식	림	그	시	봉
도	독	스	천	게	권	게	우	주	식	시	핑	도	퍼
활	시	캠	문	편	춘	야	렵	퍼	낚	독	여	임	활
마	수	식	학	이	사	분	기	초	재	스	포	다	핑
행	운	편	자	투	구	재	그	신	춤	식	봉	법	낚
시	성	행	소	지	구	술	예	성	별	자	리	낚	포
그	유	가	투	심	포	서	림	핑	은	게	츠	로	시
농	관	림	이	원	스	동	예	늘	하	술	여	투	켓
그	공	전	망	대	활	농	뽐	독	스	킹	서	퍼	공
그	도	이	츠	물	춤	렵	츠	야	독	구	관	임	심
원	임	농	관	진	다	그	심	림	농	포	관	구	핑
우	주	비	행	사	방	포	임	야	춤	법	재	스	여

소행성
우주 비행사
천문학자
하늘
별자리
코스모스
춘분
로켓
은하

유성
성운
전망대
행성
방사
태양
초신성
지구
우주

16 - Physique

뽐	즐	사	츠	화	여	여	구	마	츠	재	법	렵	퍼
핵	뽐	그	하	퍼	학	물	야	그	렵	캠	야	전	자
사	휴	야	재	도	시	게	가	핑	게	이	캠	사	분
그	동	권	독	도	활	마	낚	렵	봉	봉	독	휴	술
도	식	식	봉	봉	진	재	다	공	림	퍼	스	킹	퍼
이	물	공	관	술	공	서	뽐	마	시	여	렵	상	밀
중	그	서	원	핑	농	도	도	수	진	확	장	대	도
예	력	서	자	입	이	사	가	여	술	엔	진	성	빈
그	구	관	동	원	즐	포	츠	야	도	퍼	물	예	기
츠	물	하	진	렵	여	동	핑	혼	속	가	스	구	시
가	진	마	독	그	림	춤	독	야	돈	춤	법	낚	서
공	춤	게	질	뽐	독	포	시	수	식	역	학	하	뽐
투	독	독	량	퍼	여	독	핑	활	편	법	기	독	자
츠	편	휴	다	이	킹	서	권	그	투	도	독	독	기

가속
원자
혼돈
화학
밀도
확장
전자
수식
빈도
가스

중력
자기
질량
역학
분자
엔진
입자
상대성
속도

17 - Types de Cheveux

동	렵	여	재	술	구	공	임	농	심	예	임	즐	휴
포	스	술	하	이	휴	술	수	낚	도	시	공	포	물
회	색	하	독	물	마	시	서	구	그	관	매	게	포
서	갈	얀	술	서	독	그	낚	낚	도	편	끄	심	수
관	기	림	머	퍼	식	캠	즐	시	심	운	러	드	부
술	여	핑	리	퍼	마	가	츠	농	마	두	운	식	시
가	술	식	띠	법	즐	동	구	짧	은	식	꺼	다	구
예	독	물	은	공	수	봉	농	마	투	츠	포	운	꾼
낚	스	원	빛	원	그	캠	시	핑	이	임	림	퍼	시
스	식	츠	캠	나	다	서	공	농	블	랙	게	얇	은
여	가	식	술	그	는	낚	퍼	권	편	곱	슬	건	그
야	마	긴	렵	킹	재	마	대	머	리	하	춤	강	투
독	른	독	즐	즐	법	캠	하	킹	림	권	야	한	법
임	서	농	투	렵	휴	가	권	마	활	사	렵	금	발

하얀
금발
빛나는
대머리
짧은
부드러운
두꺼운
곱슬

회색
매끄러운
갈색
얇은
블랙
건강한
마른
머리띠

18 - Archéologie

농	식	포	캠	렵	법	뽐	다	서	술	퍼	구	그	게
여	원	스	이	킹	하	휴	여	퍼	편	물	사	공	림
가	킹	공	츠	공	가	게	재	물	식	술	법	문	명
편	뽐	관	가	춤	진	동	게	재	진	뼈	절	법	서
연	구	뽐	뽐	여	예	사	술	농	사	핑	마	사	여
구	도	기	봉	신	재	핑	다	퍼	봉	캠	퍼	재	스
원	도	도	낚	이	비	츠	심	구	식	구	재	심	투
여	스	전	잊	혀	진	휴	즐	동	낚	퍼	후	손	예
관	춤	투	문	동	렵	봉	투	게	예	식	가	화	석
핑	예	스	그	가	평	심	고	농	공	휴	그	마	분
이	진	기	도	스	킹	임	대	시	원	다	재	츠	활
퍼	물	권	교	수	공	춤	유	물	농	캠	편	즐	뽐
춤	이	수	무	덤	포	뽐	이	사	렵	식	야	편	공
술	도	림	수	농	마	가	휴	투	공	투	팀	기	캠

분석
고대
연구원
문명
후손
전문가
시대
평가
화석
신비
사물
잊혀진
도기
교수
유물
무덤

19 - Mammifères

츠	호	하	예	심	다	재	포	고	진	술	기	투	츠
농	랑	그	봉	곰	임	코	권	래	고	돌	이	투	야
예	이	심	여	캥	거	루	끼	다	시	식	야	토	끼
킹	숭	기	얼	룩	말	다	예	리	하	공	양	활	권
투	원	린	권	핑	물	활	가	하	임	권	핑	수	봉
식	즐	게	술	임	마	서	렵	수	가	재	예	시	임
구	그	진	마	렵	스	츠	투	진	포	낚	말	마	이
여	기	야	편	심	퍼	관	다	게	도	관	츠	식	사
퍼	술	여	낚	권	원	식	진	독	늑	기	물	독	가
권	재	예	관	물	사	자	서	게	대	하	독	편	캠
사	물	스	임	즐	여	임	기	림	편	게	렵	예	즐
임	여	원	마	고	코	츠	농	하	황	다	퍼	낚	편
개	우	게	예	릴	요	고	양	이	소	서	농	춤	림
춤	권	시	편	라	테	휴	가	편	그	구	원	사	스

고래
고양이
코요테
돌고래
코끼리
기린
고릴라
캥거루
토끼
사자
늑대
여우
원숭이
황소
호랑이
얼룩말

20 - Chocolat

낚	야	도	쁨	사	농	캐	러	멜	진	권	물	투	농
갈	망	품	질	탕	설	원	즐	수	독	맛	예	식	서
코	즐	예	킹	봉	수	림	렵	심	공	이	퍼	낚	칼
렵	코	서	여	식	수	쁨	즐	도	시	서	기	권	로
이	춤	넛	법	맛	핑	법	술	림	렵	동	도	권	리
서	시	성	법	있	스	킹	휴	원	봉	이	이	이	술
시	재	분	구	는	다	캠	사	즐	법	권	여	렵	마
시	캠	이	포	항	마	서	킹	좋	공	카	카	오	하
달	콤	한	재	서	산	진	재	아	봉	관	수	권	농
렵	쁨	활	레	그	수	화	이	하	술	술	쓴	마	농
렵	그	가	루	시	활	원	제	는	스	동	쁨	이	하
땅	콩	여	심	이	피	그	투	춤	장	인	렵	국	사
캠	수	시	임	캠	렵	진	활	공	즐	마	기	적	독
활	원	야	임	심	재	서	식	여	휴	식	낚	인	예

항산화제
장인
사탕
땅콩
카카오
칼로리
캐러멜
맛있는
달콤한
갈망
이국적인
좋아하는
성분
코코넛
가루
품질
레시피
설탕

21 - Mathématiques

기	하	학	대	직	사	각	형	각	사	정	그	둘	하
음	량	관	스	칭	그	낚	평	심	삼	각	형	레	원
관	산	렵	심	편	포	그	가	행	쁨	투	구	분	야
직	수	원	사	심	캠	그	스	권	사	권	시	임	수
휴	렵	포	예	진	가	포	구	편	농	변	수	렵	법
캠	재	사	즐	재	심	렵	구	체	다	포	형	예	쁨
재	핑	춤	멱	지	수	임	방	정	식	봉	각	활	술
게	시	동	기	활	그	수	원	캠	기	서	다	그	다
그	야	츠	렵	원	춤	공	춤	림	포	임	야	임	시
킹	법	지	름	수	기	도	평	행	사	킹	공	낚	마
사	재	포	지	렵	법	수	독	원	킹	공	예	구	시
봉	투	퍼	반	츠	여	쁨	렵	재	휴	식	렵	활	서
독	활	쁨	공	퍼	각	십	진	수	편	독	관	농	여
이	식	술	원	춤	도	다	림	예	도	사	수	법	쁨

각도
산수
정사각형
둘레
십진수
지름
멱지수
방정식
분수
기하학

평행
평행사변형
수직
다각형
반지름
직사각형
구체
대칭
삼각형
음량

22 - Sport

스	선	그	캠	마	독	렵	투	진	야	서	낚	즐	뺨
심	뺨	수	투	재	마	식	뺨	예	사	캠	구	하	야
림	가	스	봉	법	사	이	클	링	구	재	심	이	가
퍼	즐	원	물	여	킹	투	낚	킹	캠	야	하	스	동
다	이	권	춤	낚	사	마	춤	임	스	재	여	식	도
시	근	육	원	구	원	예	지	낚	킹	도	하	킹	시
뼈	봉	편	츠	진	임	다	구	킹	퍼	재	봉	임	조
권	스	트	레	칭	건	몸	력	뺨	임	츠	다	마	깅
여	사	어	퍼	춤	강	프	로	그	램	활	법	야	투
캠	춤	이	기	춤	뺨	서	야	힘	동	기	투	최	관
다	기	다	그	활	포	능	력	여	영	재	투	대	하
투	킹	원	골	동	임	시	재	기	양	스	포	화	뺨
낚	하	법	구	그	핑	렵	춤	코	치	포	동	핑	구
게	킹	즐	츠	야	관	투	물	림	시	츠	임	림	기

선수
능력
사이클링
다이어트
지구력
코치
스트레칭
조깅
최대화
근육
영양
프로그램
건강
스포츠

23 - Mythologie

즐	사	가	편	법	진	다	창	게	그	쁨	수	수	기
식	공	활	괴	캠	원	스	조	관	관	렵	기	활	그
다	투	츠	물	포	예	즐	권	춤	렵	영	웅	천	야
번	림	공	핑	쁨	임	식	농	예	구	공	활	둥	진
예	개	관	츠	시	술	문	게	원	마	신	춤	임	수
재	가	야	법	기	예	화	렵	형	법	물	권	심	시
이	야	림	츠	다	진	진	전	사	의	생	물	술	물
복	수	원	독	야	법	심	포	불	마	다	구	핑	서
다	예	그	미	궁	식	쁨	신	사	재	낚	예	술	쁨
진	퍼	권	휴	질	투	스	킹	념	임	해	봉	다	게
활	기	그	재	도	핑	술	관	춤	식	힘	술	관	법
츠	쁨	시	시	수	재	임	봉	가	다	투	포	림	휴
춤	즐	도	기	독	활	독	행	핑	예	물	킹	여	독
캠	봉	투	스	동	임	춤	동	도	전	설	도	쁨	공

원형
재해
행동
창조
생물
신념
문화
번개
전사

영웅
불사
질투
미궁
전설
마법의
괴물
천둥
복수

24 - Restaurant #2

서	야	봉	봉	물	봉	츠	도	츠	시	츠	농	낚	농
활	술	수	츠	공	츠	원	휴	이	이	하	포	독	심
츠	낚	하	사	다	권	가	뽐	재	시	심	그	독	다
동	시	케	식	재	식	권	포	웨	독	림	저	편	휴
얼	음	이	여	임	봉	물	술	이	전	법	녁	권	예
여	게	크	물	고	기	즐	구	터	채	물	식	권	임
물	관	포	향	신	료	스	공	여	음	림	사	낚	하
독	예	채	마	여	핑	휴	법	낚	술	료	스	뽐	법
서	퍼	금	소	시	샐	시	뽐	편	물	임	식	렵	하
킹	포	그	의	가	러	과	일	가	야	편	투	낚	킹
권	도	렵	도	자	드	핑	야	관	권	동	도	핑	맛
봉	사	마	재	낚	뽐	가	동	공	농	가	관	스	있
시	국	술	마	원	동	하	낚	츠	가	게	식	림	는
프	수	스	도	림	그	도	이	점	심	서	숟	가	락

전채
음료
의자
숟가락
점심
맛있는
저녁 식사
향신료
포크
과일

케이크
얼음
채소
국수
물고기
샐러드
소금
웨이터
수프

25 - Beauté

다	술	그	술	물	이	물	편	활	마	렵	기	진	예
핑	그	구	농	도	법	낚	서	공	재	스	기	야	스
포	편	법	기	품	장	화	하	서	캠	진	카	도	도
샴	푸	포	토	제	닉	공	투	농	임	투	야	라	임
피	캠	기	야	츠	킹	야	색	렵	사	운	킹	관	서
부	술	이	츠	봉	구	독	기	물	활	러	구	심	비
핑	구	그	법	투	여	식	권	춤	킹	끄	우	시	스
스	유	화	구	휴	활	다	권	법	그	매	시	아	게
투	렵	편	이	임	하	게	하	이	식	력	권	다	스
투	서	향	기	렵	렵	수	편	림	가	위	여	춤	핑
사	여	권	핑	야	독	즐	구	거	울	여	서	문	낚
예	그	예	원	휴	립	시	그	우	아	한	퍼	장	츠
법	원	포	핑	재	스	이	은	뿜	술	시	공	가	술
서	스	이	활	스	틱	하	시	혜	킹	림	술	츠	가

매력
가위
화장품
우아
우아한
은혜
유화
매끄러운
마스카라

거울
향기
피부
포토제닉
제품
립스틱
서비스
샴푸
문장가

26 - Avions

활	그	서	건	서	도	투	시	하	킹	조	다	재	즐
핑	투	츠	설	다	공	강	술	하	수	종	심	동	키
시	편	농	동	물	독	하	진	킹	림	사	봉	술	봉
난	기	류	진	공	마	원	늘	캠	뿜	퍼	공	동	서
투	하	동	기	렵	마	하	마	독	야	공	역	사	투
렵	공	킹	연	료	수	봉	캠	법	여	퍼	풍	선	다
사	기	투	핑	하	소	관	휴	가	야	그	술	퍼	하
다	위	여	착	륙	물	뿜	다	프	로	펠	러	스	렵
핑	분	객	동	캠	예	독	즐	기	식	시	편	활	공
시	물	승	캠	방	킹	다	시	모	식	원	술	활	심
투	도	임	무	츠	향	투	야	험	포	춤	캠	즐	공
술	권	관	츠	원	렵	림	휴	투	킹	여	그	가	여
스	권	춤	물	여	엔	임	림	서	캠	고	뿜	도	활
가	스	뿜	야	수	진	하	권	편	핑	도	스	도	권

공기
고도
분위기
착륙
모험
풍선
연료
하늘
건설
하강

방향
승무원
프로펠러
역사
수소
엔진
승객
조종사
난기류

27 - Aventure

캠	하	도	하	춤	사	특	예	시	물	림	핑	게	낚
구	킹	서	낚	사	공	이	농	편	동	다	다	시	도
춤	림	하	도	이	사	한	험	위	낚	캠	투	그	스
여	구	심	편	재	투	농	권	재	물	여	가	낚	서
퍼	구	게	도	동	이	도	핑	캠	원	그	구	관	하
뼘	동	예	농	식	야	즐	항	마	서	마	뼘	캠	캠
목	적	지	동	사	새	자	해	뼘	도	퍼	핑	예	관
기	가	권	권	농	로	연	소	원	서	전	안	심	포
공	야	츠	술	뼘	운	킹	풍	휴	어	일	렵	법	준
서	이	동	낚	시	라	독	물	다	려	정	기	뼘	비
아	임	핑	퍼	사	놀	진	가	봉	움	다	뼘	춤	기
핑	름	열	광	춤	활	마	춤	킹	뼘	진	기	재	회
편	사	다	친	서	퍼	킹	춤	활	동	수	스	용	렵
여	킹	원	움	구	마	권	동	퍼	독	물	그	감	심

활동
친구
아름다움
용감
기회
위험한
목적지
도전
어려움
열광
소풍
특이한
일정
기쁨
자연
항해
새로운
준비
안전
놀라운

28 - Ville

마	극	수	휴	림	식	당	스	재	술	핑	게	이	야
게	장	여	술	하	퍼	원	공	항	법	사	퍼	이	원
춤	그	하	츠	사	춤	춤	킹	은	시	원	농	핑	킹
법	투	휴	핑	기	퍼	그	진	행	슈	춤	식	쁨	야
시	낚	포	하	포	림	렵	료	낚	퍼	캠	하	낚	시
킹	학	교	시	장	기	경	소	권	마	심	물	구	구
예	대	쁨	하	약	국	사	이	서	켓	독	마	물	재
다	서	예	심	구	심	즐	임	킹	야	물	기	구	식
활	캠	관	빵	집	호	식	물	공	임	게	쁨	임	쁨
활	술	식	야	공	그	텔	수	예	그	낚	수	낚	재
이	플	로	리	스	트	구	하	낚	춤	서	활	물	가
서	마	영	심	러	임	관	박	물	관	점	동	물	원
권	핑	킹	화	그	갤	재	도	츠	서	서	야	재	구
렵	낚	수	예	마	렵	진	즐	야	도	림	가	법	포

공항
은행
도서관
빵집
영화
진료소
학교
플로리스트
갤러리
호텔
서점
시장
박물관
약국
식당
경기장
슈퍼마켓
극장
대학
동물원

29 - Ingénierie

렵	분	계	산	하	캠	낚	다	기	낚	측	춤	임	편
원	포	관	투	진	임	물	권	심	서	정	에	너	지
구	킹	캠	퍼	동	원	식	즐	깊	이	낚	퍼	하	이
안	춤	마	법	진	마	춤	관	여	법	기	농	게	기
스	정	원	독	봉	술	그	서	도	휴	술	렵	이	술
활	구	성	임	농	활	여	권	춤	도	츠	편	지	활
서	이	림	구	시	이	관	포	동	시	활	핑	름	야
그	공	법	시	사	구	구	조	낚	킹	구	공	여	원
진	기	물	하	가	휴	관	하	재	건	기	야	회	원
액	체	낚	시	림	킹	다	물	림	설	계	힘	전	스
구	춤	캠	여	렵	사	권	즐	투	하	각	독	추	진
봉	춤	모	도	디	쁨	기	진	쁨	구	림	도	그	도
물	기	터	봉	도	젤	어	쁨	야	관	활	포	진	표
시	축	포	수	킹	림	예	그	낚	예	포	법	캠	사

각도
계산
건설
도표
지름
디젤
분포
기어
에너지
액체
기계
측정
모터
깊이
추진
회전
안정성
구조

30 - Énergie

게	봉	마	원	임	권	사	춤	이	법	마	캠	핑	수
관	가	봉	진	봉	수	소	권	야	렵	춤	킹	도	독
즐	즐	사	기	뻠	바	탄	심	이	농	식	독	심	농
낚	이	림	킹	모	람	마	활	예	춤	렵	농	동	관
게	권	그	빈	터	시	이	포	퍼	게	춤	마	하	서
서	퍼	태	디	야	예	휴	공	림	뻠	예	야	사	법
관	림	양	젤	포	공	전	자	게	권	관	휴	퍼	캠
사	독	린	포	도	뻠	구	캠	시	재	뻠	활	포	림
스	예	솔	다	심	임	관	연	료	관	원	수	법	동
재	생	가	능	스	배	서	환	엔	트	로	피	활	산
법	활	시	춤	마	캠	터	즐	경	원	시	하	뻠	업
가	뻠	술	농	도	식	마	리	오	염	마	다	활	동
게	그	공	전	심	킹	봉	도	시	봉	하	농	구	마
시	열	광	자	기	진	마	마	봉	야	림	농	독	핵

배터리
탄소
연료
디젤
엔트로피
환경
가솔린
전기
전자

수소
산업
모터
광자
오염
재생 가능
태양
터빈
바람

31 - Cuisine

숟	가	락	젓	가	락	컵	항	뼘	사	물	렵	그	도
레	시	피	심	농	포	크	아	킹	즐	낚	마	재	야
킹	뼘	스	야	그	캠	공	리	편	핑	원	도	수	킹
원	동	츠	사	릇	진	휴	오	츠	그	마	스	낚	춤
즐	동	캠	캠	츠	야	게	븐	즐	공	낚	퍼	칼	물
식	활	관	농	뼘	림	춤	렵	활	원	포	렵	핑	구
주	전	자	도	편	기	임	심	음	가	여	즐	시	동
향	핑	심	게	관	그	야	뼘	식	낚	도	관	사	기
진	신	심	권	구	릴	농	퍼	고	봉	공	물	시	즐
스	투	료	권	봉	식	캠	구	식	동	낚	투	도	봉
펀	렵	포	원	관	재	물	앞	치	마	냉	관	도	휴
지	투	뼘	이	가	동	즐	킹	물	스	퍼	장	냅	킨
그	휴	스	관	편	원	국	그	예	진	하	킹	고	게
물	그	재	캠	예	퍼	자	림	츠	렵	휴	관	편	독

젓가락
그릇
주전자
냉동고
숟가락
향신료
스펀지
오븐
포크
그릴
국자
음식
항아리
레시피
냉장고
냅킨
앞치마

32 - Corps Humain

하	예	게	뇌	예	봉	물	서	킹	임	다	법	얼	여
기	편	하	수	활	마	하	임	사	관	입	야	굴	휴
렵	이	동	무	봉	가	마	수	심	장	술	원	진	투
관	렵	원	릎	다	농	법	물	편	츠	도	다	하	손
예	재	농	봉	봉	재	기	식	야	야	게	여	휴	가
법	편	농	팔	봉	독	퍼	하	츠	쁨	머	리	캠	락
구	도	활	꿈	진	휴	식	투	혀	피	마	봉	식	핑
낚	임	츠	치	즐	즐	법	기	스	핑	여	춤	식	원
사	도	법	기	피	춤	편	독	사	여	서	동	독	봉
게	귀	야	다	농	부	관	사	즐	턱	퍼	발	렵	시
캠	예	활	공	쁨	캠	림	림	식	킹	입	목	식	낚
쁨	임	렵	렵	심	핑	퍼	독	마	스	투	야	수	서
스	춤	도	서	도	림	핑	야	여	마	공	이	코	캠
관	야	춤	하	사	동	캠	임	휴	진	어	깨	위	활

발목
팔꿈치
심장
손가락
어깨
무릎
입술
피부
머리
얼굴

33 - Épices

마	늘	호	로	파	즐	편	아	파	프	리	카	고	관
재	수	낚	휴	시	술	쓴	하	니	뽐	춤	낚	수	독
서	야	바	닐	라	포	육	임	림	스	즐	공	풀	핑
포	진	사	츠	춤	휴	두	핑	기	감	하	야	즐	가
즐	식	프	투	활	마	구	후	그	초	맛	활	예	스
핑	캠	란	게	야	킹	시	진	추	물	소	금	생	츠
림	진	여	여	술	진	식	구	시	편	퍼	그	강	수
관	투	카	퍼	가	농	카	레	휴	츠	렵	퍼	림	진
킹	활	르	봉	심	다	스	그	여	시	사	수	계	피
도	활	다	게	춤	심	임	진	렵	림	물	하	서	퍼
임	임	몸	커	봉	원	포	림	법	야	활	회	향	야
낚	술	재	민	심	농	렵	츠	시	렵	농	캠	츠	뽐
이	재	관	기	휴	킹	다	공	캠	하	공	춤	식	활
킹	기	기	야	물	도	공	캠	양	파	그	술	포	뽐

마늘
아니스
계피
카르다몸
고수풀
커민
카레
회향
호로파

생강
육두구
양파
파프리카
후추
감초
사프란
소금
바닐라

34 - Science

도	물	리	학	이	다	사	여	재	여	기	구	예	사
농	휴	그	휴	동	화	학	실	농	포	캠	춤	시	킹
가	뽐	핑	방	법	봉	유	동	낚	실	편	권	진	서
서	탄	산	수	휴	여	기	림	봉	험	그	게	사	그
실	험	실	그	구	휴	체	진	스	동	법	중	츠	관
농	캠	편	이	진	석	사	츠	진	기	농	력	뽐	식
킹	시	권	마	퍼	화	게	다	도	시	임	심	기	뽐
진	뽐	사	서	핑	원	재	가	이	핑	활	그	이	편
렵	술	투	낚	기	그	가	기	과	원	렵	권	원	구
술	동	물	관	찰	퍼	공	설	학	데	그	사	식	독
식	여	츠	그	퍼	츠	기	후	자	이	분	이	활	공
농	권	관	식	뽐	여	게	핑	식	터	자	도	동	입
렵	이	물	가	낚	기	휴	동	기	농	여	춤	연	자
법	서	림	춤	예	술	권	퍼	렵	원	게	활	이	원

원자
화학
기후
데이터
실험
진화
사실
화석
중력
가설
실험실
방법
탄산수
분자
자연
관찰
유기체
입자
물리학
과학자

35 - Vêtements

물	렵	사	잠	옷	마	패	츠	동	림	춤	예	활	야
원	술	여	렵	모	공	스	션	캠	재	캠	식	진	술
투	사	즐	렵	자	목	걸	이	사	편	스	동	춤	핑
킹	렵	마	가	포	구	하	킹	림	스	동	이	권	활
그	핑	예	도	가	스	이	독	재	킷	츠	휴	물	예
낚	즐	구	두	낚	독	하	투	서	낚	킹	공	포	뼘
셔	츠	투	공	법	휴	시	휴	림	즐	물	퍼	봉	수
스	웨	터	킹	서	법	수	재	청	진	여	휴	동	서
휴	림	춤	포	림	캠	그	식	바	독	사	임	여	스
공	관	이	법	법	공	팔	샌	지	바	시	식	퍼	카
가	츠	스	심	벨	법	물	찌	들	심	드	레	스	프
심	서	뼘	도	트	술	임	심	권	술	렵	시	우	법
공	퍼	투	심	코	예	포	술	춤	캠	원	장	라	핑
앞	치	마	치	렵	림	하	핑	원	독	수	갑	블	물

팔찌
벨트
모자
구두
셔츠
블라우스
목걸이
스카프
장갑
청바지
치마
코트
패션
바지
스웨터
잠옷
드레스
샌들
앞치마
재킷

36 - Arts Visuels

서	도	구	수	즐	구	농	투	츠	식	야	그	도	식
퍼	쁨	춤	시	휴	창	의	성	수	봉	다	도	법	기
농	초	수	예	예	술	가	법	서	기	관	점	활	법
원	상	포	봉	핑	이	포	활	식	이	원	휴	권	법
사	화	사	쁨	활	마	사	휴	심	조	걸	작	재	술
스	공	쁨	림	다	활	림	진	심	시	각	렵	츠	원
기	즐	투	진	관	킹	낚	투	캠	림	임	건	축	학
공	다	마	분	구	여	마	게	츠	술	서	쁨	활	퍼
편	스	서	필	포	활	게	구	야	캠	사	도	이	숯
식	텐	서	즐	편	춤	물	성	게	봉	그	필	연	바
하	실	구	마	림	여	도	예	츠	다	여	름	하	니
마	다	퍼	이	펜	춤	기	물	낚	식	춤	마	봉	시
화	가	밀	랍	캠	독	휴	시	식	도	핑	사	심	구
도	휴	식	구	점	토	낚	심	농	예	동	핑	농	봉

건축학
점토
예술가
걸작
화가
밀랍
구성
분필
연필

창의성
필름
관점
사진
스텐실
초상화
도기
조각
바니시

37 - Méditation

정	사	포	휴	독	여	음	도	공	츠	호	여	춤	식
감	신	공	퍼	주	의	악	편	이	핑	흡	그	공	친
활	기	물	렵	게	법	퍼	쁨	시	식	수	침	그	절
관	동	깨	독	연	민	자	봉	관	서	락	묵	춤	림
핑	사	스	어	자	츠	세	렵	휴	점	도	렵	즐	렵
활	킹	그	게	킹	서	재	림	식	핑	기	게	동	스
선	명	도	야	렵	킹	도	공	핑	킹	농	이	독	다
공	킹	습	관	감	공	이	즐	원	츠	포	킹	기	야
임	수	핑	이	사	농	임	투	핑	농	츠	관	활	다
다	편	활	임	기	캠	핑	동	관	스	임	낚	평	화
편	쁨	이	핑	스	식	관	서	찰	시	활	공	투	활
스	공	도	투	게	운	재	공	식	이	춤	이	하	임
쁨	게	하	마	림	동	포	사	예	야	포	이	농	야
원	낚	가	음	쁨	봉	다	츠	물	다	심	마	투	예

수락
주의
선명도
연민
마음
감정
깨어
친절
감사
습관

정신
운동
음악
자연
관찰
평화
관점
자세
호흡
침묵

38 - Littérature

극	핑	낚	예	스	핑	다	내	임	법	즐	예	심	예
비	활	도	퍼	스	타	서	구	레	즐	낚	그	임	퍼
교	저	주	물	다	기	일	여	도	이	서	핑	농	퍼
캠	자	제	유	도	활	동	핑	활	관	터	술	여	독
수	기	그	추	독	캠	공	렵	포	가	물	관	투	시
이	운	결	사	서	공	물	마	춤	봉	술	낚	서	캠
농	핑	론	대	뽐	휴	독	전	그	핑	즐	포	야	동
구	하	진	화	수	서	츠	진	기	가	이	도	야	서
술	렵	츠	농	도	수	구	독	여	봉	뽐	예	핑	독
도	식	구	킹	하	렵	심	관	스	츠	포	시	편	농
소	설	동	즐	물	권	동	분	석	렵	동	심	시	적
포	리	듬	술	일	화	투	관	농	시	림	도	은	술
여	하	활	재	스	림	다	의	스	그	수	원	유	법
설	명	활	도	구	야	투	견	즐	재	관	독	도	독

유추
분석
일화
저자
전기
비교
결론
설명
대화
은유
내레이터
의견
시적
소설
리듬
스타일
주제
비극

39 - Nourriture #1

핑	물	식	구	샐	물	활	편	구	계	피	관	공	기
휴	이	마	공	러	우	츠	이	여	고	기	마	늘	이
스	서	가	시	드	유	가	물	마	심	농	마	휴	기
편	소	야	마	금	주	스	야	관	심	하	레	몬	하
수	금	가	활	활	치	즐	편	술	이	투	퍼	진	가
킹	심	양	렵	딸	이	야	진	권	수	사	핑	도	농
낚	휴	독	파	서	기	보	원	사	춤	휴	술	동	춤
설	봉	봉	서	당	근	리	봉	핑	포	바	질	게	사
탕	원	농	원	수	동	그	게	다	재	편	권	포	원
배	사	도	스	권	독	츠	동	림	법	포	야	이	커
원	그	가	춤	식	야	여	시	뿜	스	활	농	사	피
즐	시	캠	사	관	킹	수	뿜	낚	야	사	독	구	츠
참	치	렵	투	낚	포	프	서	도	순	무	렵	캠	재
다	독	포	활	그	여	뿜	술	림	도	야	법	동	즐

마늘
바질
커피
계피
당근
레몬
시금치
딸기
주스
우유
순무
양파
보리
샐러드
소금
수프
설탕
참치
고기

40 - Jardinage

포	시	게	퇴	기	토	씨	관	이	핑	편	구	여	캠
그	도	마	비	편	양	앗	구	퍼	원	마	퍼	가	하
핑	캠	법	예	관	봉	투	기	춤	심	기	물	스	춤
렵	핑	원	관	권	휴	계	킹	활	권	후	권	독	퍼
독	종	흙	서	즐	다	절	편	임	게	권	진	예	춤
도	원	농	원	물	하	킹	뽐	예	하	관	도	잎	스
사	야	그	구	시	원	예	도	스	물	뽐	도	이	기
서	춤	임	식	야	림	임	농	낚	이	국	적	인	수
예	동	마	물	포	서	뽐	킹	진	심	렵	뽐	츠	분
컨	진	법	즐	이	휴	수	활	캠	플	하	재	하	낚
테	낚	기	발	진	가	츠	심	재	포	로	구	임	식
이	법	사	다	렵	마	여	재	임	캠	식	랄	킹	편
너	호	편	꽃	과	수	원	캠	시	여	권	용	춤	원
임	츠	스	야	킹	휴	수	퍼	도	캠	봉	서	활	그

식물
꽃다발
기후
식용
퇴비
이국적인
플로랄
씨앗
수분
컨테이너
계절
토양
호스
과수원

41 - Entreprise

게	가	이	원	농	기	술	예	츠	휴	게	투	즐	구
봉	그	편	춤	봉	사	예	캠	그	식	스	낚	자	공
기	관	수	즐	낚	휴	산	림	사	다	렵	포	포	야
스	게	기	킹	시	임	기	마	동	농	도	다	게	기
통	재	사	무	실	판	매	하	재	편	거	래	뼘	예
화	예	킹	소	하	하	사	독	직	원	활	뼘	이	구
상	품	물	득	즐	진	하	다	게	금	사	임	진	술
그	경	술	공	돈	진	물	원	독	세	융	권	공	재
공	이	력	장	게	농	게	서	식	마	농	관	구	가
임	익	다	임	예	여	심	사	권	기	림	츠	그	포
동	림	마	독	스	동	즐	휴	주	야	츠	낚	독	마
가	포	가	여	이	캠	수	비	용	예	관	림	회	사
심	가	투	포	이	가	게	활	고	가	게	원	뼘	핑
경	제	학	낚	낚	하	재	예	수	게	서	렵	예	캠

가게
예산
사무실
경력
비용
통화
고용주
직원
회사
경제학
금융
세금
투자
상품
이익
소득
거래
공장
판매

42 - Activités

낚	퍼	관	투	마	구	공	동	킹	게	예	심	게	시
시	즐	편	이	법	원	낚	캠	즐	식	다	퍼	술	임
츠	게	공	킹	스	예	관	핑	그	이	원	권	가	캠
게	렵	활	마	마	공	서	동	야	사	진	술	기	게
이	휴	법	활	스	츠	관	진	편	예	술	캠	동	이
캠	편	사	독	동	낚	도	심	캠	편	공	그	림	서
캠	원	술	수	다	핑	하	뻠	사	물	낚	동	권	식
심	진	물	진	여	재	투	재	공	원	임	퍼	기	뻠
물	기	재	뻠	포	봉	편	물	진	가	킹	가	임	여
마	농	가	츠	마	춤	심	포	하	도	뻠	활	공	가
독	독	가	수	렵	림	낚	식	물	여	휴	식	스	진
서	춤	독	시	편	편	임	서	편	하	이	킹	물	여
야	렵	권	퍼	다	도	하	투	츠	관	사	렵	투	재
마	공	권	야	편	서	츠	활	심	농	식	재	즐	도

활동
예술
공예
캠핑
수렵
기술
재봉
관심사
원예
게임

독서
여가
마법
낚시
사진술
기뻠
퍼즐
하이킹
휴식
편물

43 - Mode

이	이	원	본	가	그	물	술	구	동	편	휴	낚	진
구	킹	뽐	동	낚	동	춤	구	한	뽐	핑	봉	법	예
조	공	구	활	술	스	즐	이	교	재	간	단	한	무
관	직	임	투	포	활	츠	측	정	공	부	공	손	늬
관	캠	진	예	낚	핑	진	킹	림	캠	티	야	겸	재
현	대	술	심	버	튼	임	여	투	편	크	킹	독	구
사	진	캠	야	재	법	핑	퍼	시	춤	춤	활	재	하
실	의	활	게	자	사	권	핑	킹	경	독	동	재	재
용	류	마	시	수	다	비	싼	활	마	향	츠	진	우
적	림	편	게	권	여	그	임	관	법	법	뽐	심	아
인	야	휴	식	봉	예	임	원	림	여	원	심	게	한
스	타	일	미	니	멀	리	스	트	관	재	원	관	술
그	이	캠	낚	킹	림	진	진	림	킹	법	퍼	낚	진
법	식	레	핑	뽐	구	캠	서	관	야	재	원	이	예

부티크
버튼
자수
비싼
레이스
우아한
측정
미니멀리스트
현대
겸손한
무늬
원본
실용적인
간단한
정교한
스타일
경향
조직
의류

44 - Fleurs

동	휴	치	원	낚	하	가	스	권	편	히	재	퍼	마
시	하	술	자	플	루	메	리	아	휴	비	휴	도	동
데	이	지	튤	꽃	다	발	양	스	임	스	민	스	재
난	낚	춤	립	춤	킹	그	귀	농	예	커	들	권	식
춤	초	해	바	라	기	스	비	활	기	스	레	꽃	야
독	물	퍼	술	캠	장	미	수	핑	사	권	마	잎	술
편	클	하	가	동	다	봉	다	렵	활	수	츠	진	예
츠	로	서	그	서	다	퍼	기	스	가	선	림	심	구
이	버	도	가	투	가	춤	휴	시	기	화	즐	예	쁨
술	농	재	수	포	퍼	술	활	예	렵	재	츠	가	술
도	휴	수	즐	예	츠	야	더	벤	라	림	서	야	수
활	포	포	예	심	여	백	낚	술	구	일	예	모	란
캠	야	킹	투	봉	권	합	관	재	권	이	락	술	여
야	핑	활	츠	권	림	임	식	목	련	캠	게	야	다

꽃다발
치자
히비스커스
재스민
수선화
라벤더
라일락
백합
목련
데이지
난초
양귀비
꽃잎
민들레
모란
플루메리아
장미
해바라기
클로버
튤립

45 - Nourriture #2

심	낚	춤	초	사	게	투	다	킹	츠	다	도	림	물
야	뿜	가	콜	츠	스	법	원	독	핑	캠	술	공	고
도	림	서	릿	하	버	아	휴	핑	농	공	키	하	기
닭	토	마	토	여	섯	몬	활	포	계	림	쌀	위	렵
법	핑	바	다	다	춤	드	킹	도	란	활	킹	진	원
여	가	도	나	시	춤	식	마	가	수	림	활	킹	뿜
임	서	림	사	나	재	핑	투	킹	편	뿜	구	법	킹
여	원	독	과	구	휴	술	봉	가	수	원	식	뿜	야
재	셀	망	체	리	렵	휴	다	퍼	활	수	게	편	휴
하	러	고	진	콜	마	권	렵	하	봉	스	빵	진	림
츠	리	즐	마	로	봉	림	밀	진	권	시	봉	킹	투
투	구	구	이	브	술	림	물	다	야	시	예	동	가
물	수	원	뿜	여	게	마	편	낚	가	도	동	도	햄
스	권	사	핑	캠	춤	심	예	재	지	킹	퍼	술	뿜

아몬드
가지
바나나
브로콜리
체리
셀러리
버섯
초콜릿

키위
망고
계란
물고기
사과
포도
토마토

46 - Algèbre

임	물	편	식	수	해	행	렬	구	기	괄	즐	투	술
진	가	스	기	농	결	수	관	빼	퍼	호	휴	마	권
봉	캠	원	법	츠	책	지	식	기	임	진	휴	변	식
권	즐	도	서	킹	도	멱	독	춤	그	마	쁨	구	수
포	술	도	수	예	권	술	하	편	포	사	심	쁨	사
시	게	구	야	예	킹	츠	구	활	농	가	휴	법	법
임	게	공	원	포	동	그	래	프	투	편	춤	시	식
하	투	가	렵	양	예	수	선	형	이	즐	핑	구	구
마	원	쁨	사	수	캠	권	진	낚	스	렵	편	영	단
핑	동	문	게	서	분	수	방	춤	법	기	물	휴	순
캠	독	제	공	스	렵	심	그	정	구	기	봉	즐	화
기	요	도	표	기	독	투	무	한	식	여	스	법	다
동	인	스	다	관	사	포	구	물	춤	관	공	춤	물
여	춤	여	법	거	짓	마	진	다	퍼	심	즐	법	동

도표
멱지수
방정식
요인
거짓
수식
분수
그래프
무한
선형
행렬
괄호
문제
단순화
해결책
빼기
변수

47 - Océan

하	하	포	도	수	뽐	식	심	굴	술	해	편	여	술
거	공	장	투	즐	휴	휴	여	이	기	파	스	림	독
가	북	어	캠	서	마	농	조	수	마	리	사	도	서
활	물	이	휴	편	스	사	춤	관	포	서	이	농	예
물	농	기	포	사	상	야	낚	기	도	그	독	그	관
캠	술	공	포	츠	게	어	렵	서	진	즐	임	원	농
렵	수	농	식	예	하	식	관	진	재	물	래	고	돌
야	도	도	마	농	도	구	야	캠	폭	풍	고	야	암
물	관	그	임	활	포	도	진	관	츠	원	심	기	초
진	산	가	그	포	독	킹	문	어	편	편	게	파	도
식	호	다	물	참	치	봉	임	휴	식	즐	편	뽐	즐
재	새	낚	관	가	투	식	즐	식	하	소	시	시	활
서	우	그	가	가	술	투	핑	심	진	금	물	기	예
스	펀	지	여	배	구	서	다	원	핑	심	낚	서	시

장어
고래
산호
새우
돌고래
스펀지
조수
해파리
물고기

문어
상어
암초
소금
폭풍
참치
거북이
파도

48 - Antiquités

동	서	가	격	퍼	수	특	그	재	편	낚	츠	관	수
즐	법	야	렵	도	사	이	동	게	핑	킹	렵	투	농
핑	동	다	스	타	일	한	림	뽐	림	조	각	자	품
식	킹	휴	도	갤	러	리	즐	공	장	식	게	다	질
심	렵	츠	독	퍼	사	게	수	스	임	즐	다	춤	게
가	춤	퍼	야	즐	봉	진	이	림	임	재	진	도	핑
림	진	포	휴	춤	도	활	즐	수	렵	기	농	독	휴
게	식	츠	뽐	편	그	복	봉	보	술	편	재	물	사
심	정	통	예	재	뽐	농	구	도	석	킹	춤	휴	임
관	농	포	핑	게	봉	스	가	수	원	류	휴	도	포
핑	재	렵	공	경	오	춤	회	법	원	투	낚	캠	킹
서	동	즐	구	매	래	야	화	퍼	사	그	기	림	다
투	전	심	권	값	된	재	관	우	아	한	세	렵	예
활	재	도	그	독	킹	법	동	다	킹	재	농	기	술

예술
정통
보석류
장식
경매
우아한
갤러리
특이한
투자
가구
회화
동전
가격
품질
복구
조각
세기
스타일
오래된

49 - Boxe

예	재	퍼	서	농	모	야	렵	사	가	핑	소	츠	다
법	식	여	게	공	서	진	시	가	수	킹	진	마	이
낚	활	원	게	심	리	물	재	임	관	심	활	포	가
팔	농	여	관	그	농	핑	권	포	원	장	갑	핑	다
독	꿈	게	물	전	독	퍼	사	예	재	이	심	벨	그
구	기	치	춤	투	주	먹	동	동	하	쁨	기	공	식
술	독	시	예	기	봉	권	사	임	림	편	농	권	하
마	낚	활	도	그	기	투	이	게	림	예	심	림	휴
사	구	빠	른	캠	퍼	술	게	기	몸	농	게	도	가
원	진	심	부	상	턱	츠	여	독	그	독	권	기	투
관	기	포	판	동	낚	도	퍼	포	그	캠	술	봉	그
핑	법	가	상	시	구	게	이	활	캠	편	즐	휴	마
회	복	즐	대	가	림	쁨	포	춤	휴	힘	로	프	술
관	식	캠	활	가	공	투	도	쁨	캠	야	초	점	편

상대
심판
부상
모서리
전투기
기술
초점
로프
팔꿈치
소진
장갑
주먹
빠른
회복

50 - Ballet

여	관	권	시	제	나	타	내	는	리	하	여	시	킹
청	중	핑	일	타	스	박	수	우	심	듬	안	음	악
뽐	진	동	퍼	퍼	렵	처	렵	포	아	그	무	그	독
강	렬	함	하	봉	가	동	사	뽐	공	한	림	심	야
퍼	식	하	춤	서	사	퍼	게	구	기	봉	마	가	렵
식	뽐	퍼	원	휴	도	킹	작	곡	가	춤	게	리	물
게	오	림	여	춤	댄	연	습	포	봉	캠	서	허	퍼
가	케	다	스	식	서	법	농	권	즐	기	뽐	설	농
야	스	휴	킹	공	하	휴	다	야	스	킹	근	육	림
마	트	림	봉	권	춤	농	마	렵	도	림	핑	포	활
렵	라	농	야	춤	킹	재	사	즐	마	기	하	그	여
하	렵	독	주	츠	발	레	리	나	예	술	예	스	춤
구	렵	구	가	하	투	림	식	활	술	낚	이	림	관
스	구	이	식	수	츠	스	진	동	적	구	야	활	이

박수
예술적
발레리나
안무
작곡가
댄서
나타내는
제스처
우아한
강렬함
근육
음악
오케스트라
연습
청중
리허설
리듬
독주
스타일
기술

51 - Fruit

퍼	하	여	망	권	킹	예	진	재	복	라	즈	베	리
체	리	독	고	즐	스	술	가	활	포	숭	퍼	뽐	베
파	인	애	플	그	진	심	관	구	예	킹	아	낚	서
살	구	오	가	사	과	핑	하	구	춤	휴	수	하	춤
키	위	핑	렌	법	시	가	바	동	렵	봉	렵	휴	도
재	원	게	야	지	권	춤	즐	나	투	이	다	식	낚
춤	식	림	멜	술	마	법	봉	그	나	도	이	게	포
식	춤	물	론	캠	그	동	그	그	관	임	관	여	파
이	시	킹	휴	물	재	동	이	심	구	심	사	구	파
편	포	하	법	시	활	가	포	도	아	보	카	도	야
천	도	복	숭	아	동	렵	예	봉	독	기	사	원	편
게	봉	구	심	예	킹	수	임	핑	도	이	원	농	물
츠	휴	동	춤	공	레	몬	낚	이	동	낚	게	야	편
구	아	바	권	무	화	과	배	핑	마	동	스	관	식

살구
파인애플
아보카도
베리
바나나
체리
레몬
무화과
라즈베리
구아바
키위
망고
멜론
천도 복숭아
오렌지
파파야
복숭아
사과
포도

52 - Technologie

커	통	계	심	심	예	연	구	바	이	러	스	봉	가
서	스	뿜	임	진	야	독	포	파	일	이	권	다	심
수	공	물	농	독	보	안	관	기	공	퍼	술	즐	가
가	여	하	림	가	다	농	시	소	프	트	웨	어	술
하	춤	서	여	편	휴	게	서	낚	게	킹	츠	하	게
뿜	기	바	예	퍼	인	터	넷	활	휴	투	공	츠	블
춤	낚	터	이	데	서	공	술	공	관	이	동	재	로
식	캠	퓨	다	트	독	여	이	기	사	사	마	사	그
심	술	컴	게	디	하	술	권	관	킹	글	농	편	기
화	면	공	하	진	지	브	라	우	저	킹	꼴	가	상
즐	카	기	술	진	봉	털	구	이	핑	마	춤	뿜	구
뿜	메	심	관	렵	림	기	여	휴	그	법	포	활	시
다	라	다	도	렵	공	농	서	공	춤	진	활	봉	봉
즐	가	도	법	독	공	권	동	서	농	메	시	지	그

블로그
카메라
커서
데이터
화면
파일
인터넷
소프트웨어
메시지
브라우저
디지털
바이트
컴퓨터
글꼴
연구
보안
통계
가상
바이러스

53 - Musique

법	재	투	츠	진	스	구	리	마	진	시	림	진	뽐
게	하	공	농	캠	게	낚	듬	녹	휴	활	여	츠	이
마	하	림	원	시	츠	퍼	춤	음	포	식	스	독	핑
법	기	편	투	동	고	원	사	야	동	진	고	예	물
물	핑	공	시	야	조	서	정	적	보	컬	전	법	조
수	도	진	핑	그	파	렵	원	사	킹	야	편	속	화
재	편	편	사	즉	민	요	포	법	진	휴	재	도	투
임	여	사	여	흥	즐	여	재	서	노	봉	그	투	권
임	마	기	여	적	악	기	물	핑	래	핑	오	독	기
농	법	물	원	으	시	춤	퍼	캠	술	그	그	페	편
예	그	예	기	로	시	진	츠	야	물	퍼	가	수	라
마	가	수	여	스	게	농	식	심	핑	뮤	악	마	즐
핑	이	렵	이	권	권	임	멜	로	디	지	음	앨	법
봉	휴	크	공	하	활	법	포	즐	사	컬	활	범	이

앨범
민요
노래
가수
고전
녹음
조화
고조파
즉흥적으로
악기
서정적
멜로디
마이크
뮤지컬
음악가
오페라
시적
리듬
속도
보컬

54 - Météo

여	술	활	뼘	활	투	다	뼘	도	캠	재	허	여	하
물	사	농	하	여	독	춤	렵	심	술	활	리	구	농
그	여	캠	서	법	술	시	게	구	마	농	케	즐	도
봉	온	도	진	이	원	낚	구	봉	예	마	인	바	람
열	편	이	진	렵	퍼	도	권	예	공	도	른	다	다
서	대	네	도	사	법	안	개	지	무	술	렵	마	시
하	핑	토	법	야	기	후	홍	다	림	관	구	그	미
캠	춤	물	예	예	우	위	수	봉	공	츠	즐	핑	풍
편	뼘	핑	도	스	법	권	분	권	활	사	핑	퍼	야
뼘	독	법	캠	야	즐	렵	극	도	서	동	그	핑	농
법	구	름	츠	하	늘	가	선	기	하	이	폭	뼘	얼
농	이	핑	법	시	다	뭄	천	둥	독	관	풍	캠	음
술	관	마	가	관	하	봉	심	진	식	원	시	수	투
독	술	마	활	야	다	핑	수	휴	공	사	휴	진	림

무지개
분위기
미풍
안개
하늘
기후
얼음
홍수
우기
구름

허리케인
극선
마른
가뭄
온도
폭풍
천둥
토네이도
열대
바람

55 - L'Entreprise

혁	신	적	인	투	원	프	레	젠	테	이	션	심	림
평	판	림	마	심	자	가	마	춤	식	식	수	가	재
서	그	야	게	도	권	공	퍼	술	고	용	렵	킹	물
농	봉	도	권	휴	킹	춤	심	법	핑	공	마	이	권
하	여	가	스	즐	수	독	원	구	투	봉	권	이	츠
봉	봉	가	식	임	원	핑	여	즐	편	게	활	물	시
예	원	뽐	능	사	관	농	창	조	적	공	즐	뽐	시
식	퍼	다	서	성	퍼	야	예	공	재	동	하	진	독
이	구	원	게	가	진	수	익	진	행	캠	사	업	하
봉	임	춤	술	다	하	그	편	동	임	결	정	춤	시
춤	기	활	질	림	하	수	재	재	금	킹	핑	게	편
구	법	제	품	그	렵	가	공	독	뽐	도	산	위	단
진	구	권	편	스	공	즐	기	림	독	식	업	야	험
도	편	도	이	렵	다	야	즐	재	휴	게	글	로	벌

사업
창조적
결정
고용
글로벌
산업
혁신적인
투자
가능성
프레젠테이션
제품
진행
품질
자원
수익
평판
위험
임금
단위

56 - Gouvernement

기	림	임	동	낚	가	이	원	농	기	국	동	다	평
사	지	구	포	그	재	킹	여	진	념	가	법	활	화
법	헌	도	게	춤	농	이	서	여	물	여	투	원	로
농	물	진	관	서	법	포	하	법	심	도	휴	여	운
예	스	쁨	다	법	하	렵	심	예	관	봉	캠	서	봉
여	쁨	권	킹	독	활	킹	활	다	림	사	여	봉	원
물	시	토	게	물	하	기	치	평	등	도	킹	이	킹
시	게	론	예	진	공	림	쁨	정	법	쁨	농	캠	게
수	핑	심	서	춤	예	포	핑	의	주	주	민	림	핑
물	예	농	구	춤	렵	재	예	시	독	상	낚	렵	쁨
예	가	야	시	민	권	서	츠	사	민	태	농	츠	봉
상	츠	시	독	립	임	츠	공	핑	법	여	다	여	게
징	서	예	휴	활	쁨	게	사	이	유	휴	그	게	야
츠	즐	투	야	스	편	임	편	지	도	자	연	설	공

시민권
시민
헌법
민주주의
연설
토론
지구
평등
상태
독립
사법
정의
지도자
자유
기념물
국가
평화로운
정치
상징

57 - Randonnée

정	낭	사	식	물	봉	권	캠	여	기	렵	킹	림	권
위	떠	돌	스	퍼	기	진	캠	도	스	진	포	렵	춤
식	러	관	구	야	원	공	가	투	이	수	게	원	사
물	지	기	투	투	게	권	심	준	예	림	권	농	물
즐	야	서	시	즐	권	게	핑	비	술	즐	편	캠	낚
게	가	츠	렵	하	자	기	술	사	게	공	사	예	츠
심	부	야	태	양	연	권	캠	시	사	다	편	림	원
공	식	츠	피	곤	한	서	산	무	거	운	가	이	드
식	원	진	관	활	시	밋	봉	휴	시	구	재	다	여
법	휴	킹	수	킹	동	여	야	휴	킹	도	스	림	수
예	림	가	동	핑	서	기	임	생	지	도	진	퍼	원
술	임	심	관	임	기	후	캠	핑	도	동	물	게	날
핑	심	사	편	이	야	핑	퍼	심	예	마	물	즐	씨
식	봉	퍼	핑	원	하	낚	포	캠	렵	원	편	낚	기

동물
부츠
캠핑
지도
기후
낭떠러지
피곤한
가이드
무거운

날씨
자연
정위
공원
준비
야생
태양
서밋

58 - Nutrition

캠	예	야	포	스	시	재	관	시	심	즐	이	가	예
편	재	기	다	하	킹	진	기	츠	하	투	낚	킹	서
시	독	포	이	렵	휴	봉	구	포	춤	소	스	무	수
물	낚	예	어	구	욕	수	킹	시	낚	농	휴	게	동
독	재	렵	트	투	식	이	권	향	편	시	스	발	구
즐	마	여	액	진	용	품	맛	신	퍼	수	동	효	농
여	림	하	체	하	물	낚	질	료	도	게	즐	킹	그
도	봉	비	임	림	건	강	한	백	즐	가	구	탄	마
독	소	타	심	여	츠	건	가	뿜	단	킹	편	수	식
퍼	뿜	민	킹	뿜	투	낚	임	여	칼	로	리	화	소
시	식	편	렵	낚	츠	도	원	예	뿜	휴	도	물	물
균	형	잡	힌	권	식	예	휴	스	뿜	여	술	도	술
권	동	사	편	그	관	뿜	림	구	진	식	심	농	캠
림	수	마	심	술	관	활	림	수	쓴	킹	독	야	게

식욕
칼로리
식용
다이어트
소화
향신료
균형 잡힌
발효
탄수화물
액체
무게
단백질
품질
건강한
건강
소스
독소
비타민

59 - Créativité

동	그	가	편	도	여	다	낚	휴	예	사	게	즐	가
진	여	시	이	게	그	이	물	극	핑	캠	임	퍼	낚
퍼	도	사	핑	스	투	휴	권	적	활	여	그	원	아
활	독	핑	스	활	술	다	예	인	관	즐	사	야	이
동	동	시	다	적	진	여	편	게	사	킹	킹	도	디
렵	캠	식	기	술	비	림	임	농	법	진	다	뽐	어
동	게	포	임	예	전	술	캠	편	원	림	봉	다	퍼
법	감	캠	봉	확	재	휴	관	법	동	렵	감	각	스
독	정	심	다	여	실	투	동	휴	낚	포	영	예	편
임	다	스	수	식	투	성	강	렬	함	편	활	권	스
가	수	사	활	스	다	력	동	식	물	시	춤	캠	투
인	이	게	력	마	영	상	여	유	원	도	명	선	춤
상	직	핑	심	가	사	상	투	츠	원	자	발	적	인
이	핑	관	투	물	투	심	예	동	심	활	게	캠	진

예술적
확실성
선명도
기술
극적인
감정
유동성
아이디어
영상
상상력
인상
영감
강렬함
직관
발명
감각
자발적인
비전
활력

60 - Science Fiction

세	야	서	재	휴	신	이	활	츠	캠	도	뽐	야	환
계	포	편	공	그	도	비	임	로	시	미	스	원	상
관	즐	그	이	임	하	투	한	불	봇	래	캠	물	렵
기	술	술	공	캠	오	활	책	하	환	상	적	인	시
포	은	핑	뽐	스	라	유	재	기	물	심	영	화	도
게	하	츠	퍼	가	클	토	츠	구	물	진	핑	폭	야
게	낚	마	마	동	디	피	캠	스	진	휴	캠	발	휴
재	편	포	렵	원	스	아	낚	법	활	물	휴	임	낚
게	동	사	킹	림	토	림	물	상	상	의	원	자	행
춤	법	다	예	캠	피	활	수	그	대	본	기	식	성
투	동	독	수	수	아	사	편	봉	공	기	휴	농	진
술	공	다	활	킹	가	기	휴	하	동	이	구	임	봉
수	재	수	구	술	구	임	가	먼	서	마	스	츠	술
다	가	편	권	독	임	농	심	다	핑	활	동	핑	다

원자
영화
디스토피아
폭발
환상적인
미래
은하
환상
상상의

세계
신비한
오라클
행성
로봇
대본
기술
유토피아

61 - Professions #1

투	피	지	은	진	심	배	관	공	하	도	킹	구	독
스	아	질	행	마	리	이	사	법	킹	도	투	식	지
구	니	학	가	뽐	학	심	예	편	술	림	술	공	도
마	스	자	예	공	자	천	게	가	집	과	학	자	제
술	트	도	즐	보	츠	문	사	농	마	자	게	춤	작
기	퍼	동	사	석	수	학	봉	여	핑	게	원	낚	자
농	기	마	변	상	도	자	핑	대	사	의	수	예	심
투	공	림	호	코	게	재	가	렵	구	게	서	퍼	야
춤	여	림	사	휴	치	활	댄	서	서	도	게	원	재
퍼	물	구	츠	의	캠	그	투	림	진	봉	이	법	법
핑	림	편	야	그	소	핑	편	술	휴	사	킹	도	즐
렵	츠	가	관	투	방	구	음	춤	시	여	공	킹	구
편	재	농	기	공	관	포	악	술	기	농	마	시	진
스	간	호	사	사	냥	꾼	가	그	공	스	낚	구	캠

대사
천문학자
변호사
은행가
보석상
지도 제작자
사냥꾼
댄서
코치
편집자
지질학자
간호사
의사
음악가
피아니스트
배관공
소방관
심리학자
과학자
수의사

62 - Géologie

봉	임	게	휴	도	시	캠	서	술	킹	스	게	가	시
예	봉	농	관	투	법	농	즐	활	서	투	공	술	시
게	권	기	수	농	물	식	시	편	츠	퍼	물	수	농
여	핑	관	캠	물	크	리	스	탈	식	서	킹	산	물
진	뽐	화	뽐	핑	사	공	임	여	재	권	림	탄	화
츠	영	석	칼	슘	마	뽐	퍼	가	이	동	편	농	심
캠	층	유	즐	마	술	여	술	기	즐	법	관	야	츠
식	관	종	다	즐	소	금	포	캠	뽐	권	부	식	권
도	돌	독	야	핑	권	사	즐	구	역	녹	은	고	원
림	춤	휴	킹	심	대	륙	캠	그	권	공	여	농	마
동	술	재	원	진	즐	다	산	간	용	암	휴	이	즐
봉	굴	편	투	식	투	편	호	권	헐	투	기	그	마
시	농	예	관	술	림	여	독	봉	동	천	그	심	예
공	렵	춤	포	공	게	핑	시	공	활	식	서	재	그

칼슘
동굴
대륙
산호
크리스탈
부식
녹은
화석
간헐천
용암
탄산수
고원
석영
소금
종유석
화산
구역

63 - Jardin

다	서	식	야	편	핑	심	렵	심	낚	편	낚	낚	낚
투	관	스	원	토	양	하	구	법	도	스	림	권	나
춤	예	스	공	렵	림	퍼	춤	수	봉	서	핑	물	무
퍼	그	마	서	예	호	심	낚	부	시	서	다	봉	권
예	기	캠	임	캠	스	여	야	야	게	권	이	권	그
트	램	폴	린	게	라	동	술	휴	활	스	관	임	킹
심	림	서	사	봉	테	투	물	현	사	게	춤	킹	야
동	갈	퀴	서	마	편	차	고	관	도	츠	구	포	츠
가	심	진	권	법	도	식	사	서	잔	디	정	원	낚
벤	치	연	물	독	봉	임	여	마	뽐	퍼	농	수	편
울	잡	초	못	재	서	공	뽐	퍼	낚	이	도	과	수
농	타	권	물	해	먹	관	편	구	낚	공	물	삽	하
츠	바	리	즐	다	가	다	포	낚	임	마	캠	농	편
게	꽃	위	다	사	도	식	원	권	하	렵	재	즐	도

나무
벤치
부시
울타리
연못
차고
해먹
잔디
정원
잡초
현관
갈퀴
바위
토양
테라스
트램폴린
호스
과수원

64 - Santé et Bien Être #1

뽐	권	다	기	도	재	여	그	춤	뽐	굶	진	물	렵
투	도	춤	여	도	수	동	포	골	낚	주	시	즐	권
도	의	원	활	림	뽐	사	렵	시	절	림	춤	공	즐
그	사	권	공	동	관	편	원	투	습	관	휴	핑	포
진	반	법	부	상	서	진	식	퍼	권	식	가	식	이
진	료	소	피	즐	활	법	여	뼈	다	마	임	임	하
게	스	사	진	법	권	자	킹	퍼	편	구	게	농	츠
원	뽐	여	치	호	포	세	캠	뽐	즐	임	관	뽐	농
원	원	공	료	르	가	야	물	휴	서	마	봉	뽐	식
공	공	캠	봉	몬	관	이	수	림	그	관	봉	식	츠
활	공	물	진	그	동	스	낚	여	수	활	이	스	봉
식	다	낚	키	박	테	리	아	근	여	사	동	핑	진
야	수	독	활	스	킹	권	캠	육	핑	심	야	적	편
약	국	바	이	러	스	렵	술	야	킹	이	요	법	인

활동적인
박테리아
부상
진료소
굶주림
골절
습관
호르몬
의사

근육
피부
약국
자세
반사
요법
치료
바이러스

65 - Barbecues

그	림	어	공	춤	술	스	사	편	수	식	이	킹	게
여	야	린	물	림	재	서	뽐	소	금	구	식	킹	권
캠	과	이	그	릴	술	저	녁	식	사	공	하	가	족
다	렵	일	굶	주	림	예	편	술	수	춤	권	투	포
낚	게	마	봉	이	뜨	거	운	투	물	가	다	휴	칼
토	게	활	서	도	이	킹	서	사	재	원	낚	예	활
마	임	독	공	편	다	퍼	여	름	포	즐	점	츠	수
토	권	여	독	기	법	춤	예	여	샐	렵	마	심	그
술	심	원	하	하	스	공	야	농	러	렵	즐	재	휴
춤	마	관	관	킹	이	술	재	공	드	사	핑	원	심
뽐	식	진	킹	킹	구	퍼	그	심	킹	야	낚	서	포
서	봉	권	투	원	즐	투	여	동	식	후	음	악	서
춤	핑	채	야	식	가	양	투	시	활	추	츠	낚	렵
소	스	소	이	닭	술	파	캠	재	공	시	휴	시	가

뜨거운
점심
저녁 식사
어린이
여름
굶주림
가족
과일
그릴
게임
채소
음악
양파
후추
샐러드
소스
소금
토마토

66 - Animaux de Compagnie

앵	무	새	그	렵	원	염	가	강	포	낚	하	핑	원
공	동	술	관	춤	독	뽐	소	킹	아	공	식	농	퍼
이	사	사	농	캠	낚	수	독	봉	마	지	술	법	독
수	여	다	포	도	시	재	하	농	편	사	이	구	술
의	렵	임	캠	발	기	독	임	킹	그	원	권	포	림
사	재	활	농	톱	렵	편	쥐	기	사	도	마	뱀	도
뽐	즐	서	재	임	권	다	뽐	서	츠	다	예	동	편
스	햄	스	터	꼬	리	도	퍼	시	봉	관	음	식	게
춤	게	동	다	마	심	재	수	림	다	재	츠	봉	투
토	물	퍼	마	원	심	고	거	북	이	개	식	원	퍼
끼	스	물	고	기	심	양	권	휴	그	렵	낚	포	즐
원	봉	동	츠	가	여	이	즐	재	독	그	시	킹	춤
야	게	임	게	여	낚	진	사	재	동	공	법	수	스
도	원	투	동	술	가	야	칼	라	서	투	스	권	여

고양이
염소
강아지
칼라
발톱
햄스터
토끼
도마뱀
음식
앵무새
물고기
꼬리
거북이
수의사

67 - Forêt Tropicale

낚	뻠	뻠	사	조	류	하	투	림	림	물	킹	봉	술
즐	구	원	구	퍼	시	림	동	동	퍼	관	핑	활	이
구	그	독	스	봉	퍼	농	복	동	캠	동	식	곤	충
기	사	캠	독	심	원	킹	구	밀	림	뻠	시	물	스
림	가	여	도	사	커	뮤	니	티	생	존	독	종	식
하	그	가	이	림	사	다	핑	활	츠	술	가	공	퍼
퍼	귀	츠	포	유	류	임	이	하	춤	포	뻠	식	관
서	중	존	보	츠	낚	독	사	핑	술	편	예	야	퍼
여	한	이	끼	피	난	자	연	다	림	서	캠	활	캠
뻠	관	심	독	춤	핑	낚	류	서	양	구	기	원	재
춤	그	구	술	재	예	그	독	원	이	성	뻠	권	하
시	심	구	원	다	게	이	가	원	하	도	기	게	이
심	퍼	림	름	봉	다	봉	재	스	봉	이	후	그	투
캠	즐	물	낚	렵	휴	식	다	편	예	마	식	봉	낚

양서류
식물
기후
커뮤니티
다양성
곤충
밀림
포유류
이끼
자연
구름
조류
귀중한
보존
피난
존중
복구
생존

68 - Ferme #1

스	술	림	핑	법	물	원	림	기	뻠	야	까	즐	시
술	당	나	귀	재	퍼	뻠	렵	동	킹	야	편	마	춤
수	시	그	휴	들	술	고	양	이	이	투	임	다	귀
물	렵	수	스	포	동	독	마	재	핑	뻠	권	농	관
츠	동	즐	닭	그	캠	게	구	꿀	술	렵	독	심	여
원	무	리	츠	다	말	즐	기	하	퍼	편	구	렵	포
식	농	뻠	권	스	원	원	원	염	여	게	투	킹	법
핑	핑	임	휴	킹	관	다	기	편	소	심	재	스	법
예	농	업	건	편	관	이	마	물	들	법	낚	구	기
사	하	도	초	렵	예	물	구	송	아	지	원	이	그
물	술	림	동	농	예	법	렵	개	임	비	렵	그	츠
쌀	예	이	춤	봉	야	시	독	마	재	료	관	낚	편
스	여	게	동	츠	시	법	춤	마	이	핑	가	츠	수
울	타	리	관	심	농	낚	권	림	도	벌	그	낚	재

농업
당나귀
들소
고양이
염소
울타리
까마귀
비료
건초
무리
송아지

69 - Escalade

도	상	형	관	투	다	하	포	림	뽐	구	원	투	하
야	부	지	도	고	캠	춤	드	원	서	사	재	핑	핑
관	핑	츠	서	기	도	하	이	킹	마	동	좁	은	림
가	재	서	가	포	다	스	가	술	포	심	굴	동	하
예	관	도	여	그	가	여	원	헬	멧	안	정	성	즐
봉	춤	여	낚	투	퍼	시	독	이	임	관	식	하	도
츠	낚	힘	휴	공	하	캠	물	이	츠	즐	춤	즐	즐
투	구	마	임	춤	하	전	문	가	야	즐	기	원	킹
츠	수	뽐	야	그	낚	도	퍼	가	스	이	임	이	봉
관	게	시	임	마	이	재	동	이	투	게	봉	재	다
게	마	심	사	원	구	편	분	원	농	심	그	휴	장
독	동	퍼	츠	사	서	술	위	즐	츠	권	핑	뽐	갑
낚	렵	여	이	진	관	물	기	도	식	훈	낚	물	다
편	호	기	심	야	다	관	심	공	하	련	봉	즐	휴

고도
분위기
부상
부츠
지도
헬멧
호기심
도전
전문가
좁은
훈련
장갑
동굴
가이드
하이킹
안정성
지형

70 - Antarctique

춤	동	게	마	킹	야	마	원	정	빙	사	재	농	사
도	시	휴	술	서	독	서	구	임	하	편	임	낚	임
휴	스	이	심	렵	권	스	연	동	독	스	편	구	공
렵	뽐	물	심	재	포	구	사	보	포	스	심	도	포
독	낚	구	핑	적	원	이	투	존	재	여	퍼	활	가
낚	만	지	리	학	물	투	구	섬	독	원	식	스	여
심	캠	하	고	과	스	기	심	하	스	구	다	구	킹
가	원	뽐	예	래	기	림	공	권	렵	야	투	물	구
기	심	권	조	마	공	진	술	원	심	킹	예	뽐	원
술	구	즐	투	류	불	안	정	한	지	형	그	퍼	예
시	퍼	게	킹	재	핑	퍼	반	도	온	물	환	뽐	츠
공	마	핑	스	농	활	다	킹	킹	식	사	경	이	캠
예	얼	음	이	주	농	탄	산	수	그	대	여	심	투
게	원	관	수	이	수	서	권	시	뽐	륙	독	핑	구

고래
연구원
보존
대륙
환경
원정
지리학
얼음
빙하
이주
탄산수
조류
반도
불안정한
과학적
온도
지형

71 - Professions #2

포	춤	다	심	가	야	휴	심	가	투	편	도	의	여
님	언	어	학	자	철	학	자	기	시	츠	낚	사	사
생	킹	핑	권	명	활	사	서	치	과	의	사	다	편
선	물	법	공	발	권	사	렵	핑	임	독	림	원	권
퍼	사	학	기	식	게	화	야	사	예	다	이	가	독
연	구	원	자	학	물	동	가	작	진	사	관	게	여
일	러	스	트	레	이	터	이	야	투	물	형	핑	도
우	주	비	행	사	엔	지	니	어	츠	독	사	물	하
법	여	심	킹	원	하	츠	스	마	법	여	법	기	도
시	그	야	활	춤	캠	사	조	종	사	진	게	야	재
정	원	사	수	휴	예	시	포	재	의	즐	시	마	즐
편	활	봉	서	동	기	야	포	즐	과	활	식	하	츠
하	법	시	포	그	사	츠	농	하	외	마	법	농	마
휴	뽐	퍼	서	식	렵	공	사	식	법	도	이	공	사

우주 비행사
사서
생물학자
연구원
외과 의사
치과 의사
형사
선생님
일러스트레이터
엔지니어
발명자
정원사
기자
언어학자
의사
화가
철학자
사진 작가
조종사
동물학자

72 - Les Abeilles

식	서	가	렵	게	심	츠	재	법	핑	재	뿜	낚	캠
마	관	츠	그	유	뿜	킹	캠	즐	원	낚	포	원	시
봉	서	임	원	익	봉	뿜	낚	편	기	물	시	화	식
곤	임	뿜	독	한	원	야	하	이	권	법	포	심	분
편	충	수	가	여	관	정	원	도	여	킹	가	투	게
캠	캠	이	스	퀸	투	활	생	때	날	개	다	술	츠
농	즐	재	사	뿜	수	물	태	관	구	림	이	뿜	권
렵	과	봉	구	킹	낚	재	계	렵	춤	공	다	양	성
즐	꿀	일	재	활	수	진	뿜	권	핑	킹	하	권	농
다	물	서	그	도	분	스	동	기	예	사	농	즐	림
식	예	즐	꽃	가	매	밀	구	지	태	양	뿜	스	게
물	하	독	봉	활	개	랍	음	식	다	사	캠	하	즐
연	마	이	진	이	자	수	독	서	투	구	도	이	관
기	임	렵	휴	독	캠	독	식	예	물	가	권	브	여

날개
유익한
밀랍
다양성
생태계
과일
연기
서식지

곤충
정원
음식
식물
화분
수분 매개자
하이브
태양

73 - Santé et Bien Être #2

킹	다	동	야	하	건	뻠	농	스	사	마	사	지	여
휴	공	예	피	봉	강	봉	포	수	휴	공	동	재	도
렵	시	법	임	여	한	무	게	이	하	도	낚	봉	심
다	투	서	그	기	마	관	식	공	서	구	활	구	가
재	림	펴	독	낚	림	물	렵	게	기	스	관	동	시
기	그	수	이	권	서	예	포	도	이	독	임	휴	원
뻠	관	편	시	기	서	펴	서	술	비	관	활	원	권
영	양	기	휴	도	탈	독	유	원	타	여	시	식	춤
림	감	사	술	캠	수	낚	전	심	민	농	여	욕	관
에	염	병	원	해	부	활	학	농	봉	칼	게	즐	스
시	너	뻠	휴	킹	마	야	권	권	질	병	로	하	독
재	가	지	알	레	르	기	예	활	림	물	휴	리	림
위	스	트	레	스	회	복	도	핑	투	스	공	물	렵
휴	생	원	임	관	도	편	서	농	구	야	핑	몸	마

알레르기
해부
식욕
칼로리
탈수
에너지
유전학
병원
위생

감염
질병
마사지
영양
무게
회복
건강한
스트레스
비타민

74 - Conduite

뽐	봉	캠	도	마	마	시	오	권	츠	도	농	봉	서
림	투	수	심	기	관	휴	토	즐	하	게	야	편	그
사	기	가	스	활	진	림	바	가	투	재	킹	투	구
활	관	핑	춤	임	킹	예	이	림	킹	임	농	재	킹
물	서	휴	동	봉	심	술	낚	퍼	투	도	림	농	하
법	편	포	농	로	하	교	통	활	편	심	하	이	술
물	권	도	지	도	킹	예	킹	가	스	즐	춤	스	휴
특	허	농	투	농	렵	서	렵	심	다	림	킹	동	진
공	여	킹	뽐	재	연	료	츠	핑	여	여	편	차	고
위	관	편	마	츠	그	뽐	진	서	임	보	공	즐	즐
구	험	권	수	뽐	속	즐	캠	터	모	행	브	사	고
츠	이	동	춤	농	마	도	낚	뽐	널	자	레	거	리
안	전	활	스	캠	스	경	찰	핑	관	이	이	마	술
마	포	츠	재	서	심	포	트	럭	핑	구	크	야	물

사고
트럭
연료
지도
위험
브레이크
차고
가스
특허
모터
오토바이
보행자
경찰
도로
거리
안전
교통
터널
속도

75 - Plantes

퍼	임	편	진	독	사	킹	이	스	농	가	휴	농	시
식	즐	게	다	편	투	법	콩	마	퍼	즐	초	목	재
잔	심	가	뻠	도	킹	서	아	이	비	식	물	학	부
사	디	성	장	하	다	이	끼	야	법	물	원	독	시
이	그	츠	선	공	야	그	임	편	뻠	독	도	법	림
수	독	사	예	인	예	잎	낚	림	휴	봉	수	숲	농
퍼	대	시	마	시	장	도	뿌	포	심	휴	꽃	법	투
구	물	나	그	스	뻠	투	리	편	하	공	퍼	심	예
마	다	플	무	동	다	식	베	편	하	퍼	투	가	임
농	물	로	나	즐	동	캠	수	재	수	렵	활	진	사
정	원	라	포	이	물	게	공	가	퍼	뻠	그	림	퍼
원	법	낚	도	도	권	여	포	활	편	게	술	관	투
농	심	비	농	꽃	잎	수	렵	캠	예	농	림	식	춤
가	다	료	핑	그	가	봉	림	심	야	활	마	츠	임

나무
베리
대나무
식물학
부시
선인장
비료
플로라

성장하다
잔디
정원
아이비
이끼
꽃잎
뿌리
초목

76 - Ferme #2

벌	집	우	유	예	법	예	스	츠	그	야	퍼	원	춤
예	예	그	낚	그	렵	스	휴	여	야	채	마	독	임
권	여	법	농	야	렵	옥	물	기	구	사	봉	낚	식
가	라	시	부	편	원	수	과	기	고	양	휴	관	시
동	마	뽐	과	물	편	수	식	뽐	시	밀	재	식	야
이	핑	식	투	일	림	야	진	기	킹	다	게	임	술
원	즐	킹	심	심	캠	낚	심	음	식	다	동	도	독
가	핑	식	법	독	츠	즐	림	퍼	휴	기	물	관	개
렵	캠	시	시	술	진	봉	편	심	다	봉	동	게	서
물	하	봉	서	오	리	트	술	지	가	이	투	캠	여
마	공	핑	구	편	보	랙	이	초	기	그	츠	기	렵
하	시	시	편	진	진	터	그	목	자	즐	독	즐	캠
그	재	원	술	야	스	핑	원	수	관	다	서	즐	가
헛	간	법	야	활	예	렵	원	춤	림	심	시	도	술

양고기
농부
동물
목자
오리
과일
헛간
관개
우유
라마
야채
옥수수
음식
보리
목초지
벌집
트랙터
과수원

77 - Vacances #2

예	시	킹	술	바	다	편	포	포	술	가	여	하	서
예	진	서	뼘	심	택	시	심	도	캠	림	낚	권	이
식	그	스	도	진	외	국	인	여	기	비	농	독	다
즐	권	재	스	동	독	해	변	편	포	자	휴	진	텐
즐	낚	법	원	도	편	원	뼘	술	독	렵	사	임	트
기	차	여	림	렵	기	여	마	스	심	임	지	적	목
즐	림	휴	행	사	기	농	봉	관	즐	뼘	도	시	봉
진	술	술	호	텔	동	림	활	낚	임	투	수	다	뼘
하	서	임	가	공	항	사	임	캠	구	활	관	관	다
진	재	스	물	가	편	전	세	핑	이	구	캠	춤	진
뼘	권	교	서	진	야	마	식	퍼	낚	원	렵	림	도
춤	구	독	통	수	권	물	당	서	낚	물	게	술	활
원	휴	휴	그	퍼	재	즐	사	농	섬	가	퍼	핑	하
휴	봉	일	수	사	렵	게	예	뼘	활	즐	즐	그	재

공항
캠핑
지도
목적지
외국인
호텔
여가
바다
여권
해변
식당
전세
택시
텐트
기차
교통
휴일
비자
여행

78 - Éthique

물	뿜	렵	스	연	즐	야	무	결	성	가	봉	기	사
지	혜	핑	개	포	민	협	력	가	합	즐	하	휴	이
편	편	핑	인	독	즐	퍼	게	그	리	춤	즐	인	류
춤	활	사	주	철	학	술	식	여	성	엄	존	가	렵
진	츠	그	의	심	마	여	동	낙	마	수	핑	하	퍼
임	스	수	주	렵	마	뿜	기	천	사	휴	투	공	하
그	시	렵	타	봉	임	봉	인	주	킹	관	활	수	퍼
야	서	캠	이	농	진	퍼	적	의	낚	렵	정	춤	이
여	여	킹	퍼	공	핑	도	리	공	포	핑	직	술	기
친	절	값	인	서	차	외	합	얼	하	스	킹	공	임
이	마	식	내	야	퍼	교	야	낚	리	편	술	여	독
동	서	림	술	다	다	도	서	동	공	즘	춤	독	시
법	농	독	동	낚	여	임	기	여	물	야	스	관	심
재	림	춤	원	물	기	사	봉	렵	캠	활	서	하	서

이타주의
연민
협력
존엄성
외교
친절
정직
인류
개인주의
무결성
낙천주의
인내
철학
합리적인
합리성
리얼리즘
지혜
공차

79 - Temps

진	식	미	독	도	활	어	휴	동	술	아	침	독	임
낚	심	래	세	그	권	제	하	임	도	도	게	농	활
춤	물	사	기	식	림	수	재	뽐	투	재	낚	포	원
임	월	뽐	야	공	임	편	원	지	독	서	술	식	킹
봉	식	물	후	분	재	법	재	금	도	춤	다	물	킹
이	킹	편	편	임	권	휴	달	편	활	그	킹	독	기
수	권	츠	식	즐	킹	편	스	력	뽐	여	식	년	림
렵	츠	편	활	도	즐	원	재	수	진	정	봉	재	일
활	동	휴	투	전	시	휴	휴	마	캠	오	봉	물	림
농	킹	주	여	에	즐	연	활	가	뽐	포	퍼	포	밤
츠	도	킹	사	농	츠	캠	간	농	킹	서	공	핑	식
시	계	뽐	림	물	기	야	독	하	법	법	시	사	곧
포	도	식	게	십	년	림	재	포	권	투	공	간	춤
춤	뽐	뽐	재	스	야	물	공	마	독	물	포	법	봉

연간
전에
달력
십년
미래
시간
어제
시계
지금
아침
정오
세기

80 - Maison

울	거	법	권	심	핑	램	프	커	춤	하	활	림	임
타	포	캠	다	이	권	사	렵	식	튼	이	하	도	사
리	농	방	공	즐	원	진	스	독	그	마	진	기	여
구	서	이	부	이	렵	다	물	벽	사	심	휴	여	술
수	낚	공	엌	활	뽐	렵	구	이	정	원	포	천	예
진	봉	즐	봉	림	물	킹	활	서	샤	원	사	마	장
심	임	공	캠	사	비	이	스	퍼	워	동	낚	퍼	핑
농	사	즐	즐	구	춤	즐	렵	술	재	공	여	진	그
편	활	예	관	동	게	게	봉	식	구	야	진	농	술
물	시	도	사	춤	술	야	춤	휴	술	예	림	깔	림
핑	구	술	차	도	뽐	도	서	관	애	틱	여	개	츠
츠	스	림	뽐	고	공	물	츠	예	뽐	식	봉	킹	게
키	핑	야	편	즐	창	서	난	로	수	투	퍼	이	원
가	원	여	뽐	공	문	구	지	붕	낚	봉	임	공	핑

도서관
난로
울타리
부엌
샤워
차고
애틱

정원
램프
거울
천장
커튼
깔개
지붕

81 - Légumes

물	마	늘	샬	예	림	게	캠	샐	독	농	완	이	마
봉	봉	츠	롯	도	독	독	렵	러	수	하	두	재	가
투	렵	즐	림	술	시	퍼	가	드	시	원	콩	사	지
여	서	시	물	심	춤	다	관	재	임	술	휴	임	렵
파	양	금	심	당	쁨	독	심	춤	하	낚	버	섯	렵
게	슬	치	스	다	근	시	휴	그	투	동	관	임	서
동	예	리	수	도	편	즐	림	서	투	그	동	낚	임
예	수	콜	시	권	여	이	렵	구	도	핑	하	야	물
게	심	로	물	사	휴	포	심	활	게	원	캠	림	이
독	진	브	그	오	이	시	재	낚	쁨	식	핑	사	렵
활	림	리	도	츠	스	농	동	캠	시	아	다	여	낚
이	림	올	봉	시	식	게	구	셀	러	리	티	도	공
심	시	림	식	관	야	하	예	임	퍼	춤	투	초	도
토	마	토	심	시	휴	마	생	강	호	박	순	무	크

마늘
아티초크
가지
브로콜리
당근
셀러리
버섯
호박
오이
샬롯
시금치
생강
순무
양파
올리브
파슬리
완두콩
샐러드
토마토

82 - Famille

사	식	진	투	어	린	시	절	임	퍼	게	관	스	동
시	낚	삼	촌	사	공	공	할	동	모	마	재	서	수
법	수	임	이	서	물	도	독	머	성	할	츠	심	낚
식	법	휴	물	술	독	도	춤	스	니	아	마	남	동
가	동	스	렵	사	사	킹	게	스	예	버	재	편	가
물	킹	시	가	포	법	형	공	투	렵	지	투	뻠	원
퍼	편	퍼	법	수	편	뻠	구	스	가	스	시	여	관
동	즐	심	뻠	그	핑	다	캠	이	춤	편	게	임	기
즐	그	즐	법	심	림	즐	아	버	지	다	서	재	야
사	여	딸	조	카	딸	츠	뻠	권	여	다	활	가	가
편	림	즐	선	조	편	림	하	기	공	법	도	예	시
활	게	이	린	어	하	봉	킹	재	구	즐	동	자	권
진	휴	아	내	부	계	공	술	공	심	렵	즐	매	편
시	휴	공	원	투	다	어	머	니	도	봉	이	모	이

선조
사촌
어린 시절
아이
어린이
아내
할머니
할아버지
남편
모성
어머니
조카
조카딸
삼촌
부계
아버지
자매
이모

83 - Oiseaux

편	거	위	빼	이	계	예	부	야	농	도	임	권	여
펭	귄	독	꾸	구	심	란	리	마	진	다	게	야	도
물	농	수	기	매	갈	헤	새	다	야	야	투	활	림
퍼	사	리	둘	원	기	론	낚	진	하	림	하	까	캠
닭	황	새	비	구	공	작	농	물	심	물	구	마	핑
스	그	법	게	구	봉	킹	마	진	수	공	다	귀	렵
그	수	예	수	하	즐	다	수	킹	킹	공	농	킹	권
킹	펠	리	컨	투	기	캠	타	여	도	스	캠	편	여
렵	휴	술	오	농	예	진	조	백	하	공	림	농	가
림	봉	공	예	식	농	휴	법	임	앵	심	하	진	츠
다	그	권	하	뽐	구	마	마	야	무	뽐	투	마	도
캠	게	서	캠	다	관	관	물	휴	새	춤	마	농	독
춤	도	마	게	도	핑	낚	휴	권	림	참	뽐	다	가
뽐	편	다	플	라	밍	고	즐	낚	낚	술	퍼	야	법

독수리
타조
오리
황새
비둘기
까마귀
빼꾸기
백조
플라밍고
헤론

펭귄
참새
갈매기
계란
거위
공작
앵무새
펠리컨
부리새

84 - Disciplines Scientifiques

식	물	학	화	생	가	기	시	즐	퍼	권	물	수	핑
시	수	리	여	예	식	상	그	생	물	학	여	여	도
즐	뻠	생	게	진	하	학	리	심	야	물	원	법	스
활	포	권	봉	서	물	역	경	독	고	광	서	림	핑
포	식	진	시	야	식	열	킹	신	기	고	즐	그	동
역	법	킹	퍼	서	예	동	진	뻠	게	이	학	회	사
편	학	어	언	춤	공	물	여	공	심	술	문	동	심
동	다	심	술	킹	도	물	수	봉	권	하	천	그	다
재	가	그	하	도	기	사	예	핑	렵	식	편	기	여
휴	사	뻠	농	활	퍼	낚	활	그	구	캠	사	활	림
하	포	하	동	지	질	학	화	학	야	낚	수	권	농
포	킹	투	기	하	권	기	기	시	즐	면	역	학	동
기	해	부	독	농	춤	동	원	야	봉	재	권	뻠	물
임	퍼	기	스	포	임	도	서	생	태	학	그	여	학

해부
고고학
천문학
생화학
생물학
식물학
화학
생태학
지질학
면역학
언어학
역학
기상학
광물학
신경학
생리학
심리학
사회학
열역학
동물학

85 - Univers

퍼	법	킹	우	킹	수	원	자	태	관	핑	독	퍼	도
포	스	하	식	주	평	독	학	양	편	야	가	하	편
봉	낚	퍼	시	식	선	천	문	학	동	게	춤	독	봉
동	게	퍼	퍼	그	야	동	천	시	활	은	활	술	휴
가	게	물	휴	가	사	캠	봉	편	렵	하	춤	공	여
가	츠	공	어	둠	그	게	춤	농	활	지	포	핑	뽐
낚	진	게	봉	사	독	가	원	스	캠	점	즐	물	달
서	동	그	봉	도	구	조	심	퍼	캠	그	시	핑	동
야	뽐	재	츠	즐	휴	디	기	공	봉	림	구	소	게
원	심	서	츠	구	킹	악	편	궤	도	기	반	행	봉
보	이	는	사	심	망	마	퍼	렵	경	위	구	성	하
스	도	여	심	진	기	원	심	춤	재	분	마	캠	늘
즐	심	공	이	캠	수	농	경	물	기	술	포	마	퍼
봉	춤	임	식	원	술	가	춤	예	마	적	도	포	퍼

소행성
천문학자
천문학
분위기
하늘
우주
적도
은하
반구
수평선
위도
경도
어둠
궤도
태양
지점
망원경
보이는
조디악

86 - Géographie

핑	킹	양	츠	법	술	도	활	원	수	북	쪽	다	수
임	예	대	봉	킹	공	동	자	즐	지	수	독	식	섬
춤	수	륙	예	여	심	가	림	오	도	강	심	예	즐
킹	캠	남	렵	사	포	핑	지	도	선	원	가	가	법
낚	킹	쪽	재	하	활	퍼	역	이	즐	다	여	독	춤
사	농	투	휴	핑	임	술	편	츠	임	이	동	낚	식
심	물	핑	권	편	스	임	원	투	동	수	시	관	봉
이	즐	영	토	예	위	임	진	야	농	가	츠	킹	동
아	틀	라	스	국	도	동	야	핑	뽐	권	활	반	구
휴	바	다	예	가	원	하	스	기	캠	동	야	농	춤
권	권	편	츠	포	재	공	시	예	캠	서	물	하	스
야	진	휴	구	사	권	낚	진	고	활	쪽	활	림	도
도	공	법	여	캠	캠	게	세	도	독	투	재	법	구
시	야	춤	산	낚	도	농	여	계	포	투	킹	스	사

고도
아틀라스
지도
대륙
반구
위도
바다
자오선
세계
북쪽
대양
서쪽
국가
지역
남쪽
영토
도시

87 - Bâtiments

관	심	즐	영	화	헛	예	포	뽐	권	예	경	수	예
서	이	츠	진	퍼	간	봉	식	박	물	관	기	게	구
하	술	농	성	도	구	렵	게	진	봉	사	장	공	포
편	츠	봉	임	임	투	독	물	마	권	대	극	임	물
예	즐	마	렵	공	아	핑	도	즐	서	서	호	시	게
임	권	편	킹	재	파	휴	뽐	핑	공	하	텔	야	원
농	핑	뽐	술	투	트	렵	차	고	원	원	퍼	스	마
학	임	전	진	그	텐	임	공	마	예	공	즐	퍼	진
다	교	망	하	법	사	퍼	식	이	낚	킹	포	재	하
사	캠	대	편	여	서	관	여	농	그	사	물	게	독
임	병	캐	빈	마	마	림	활	춤	게	림	렵	핑	관
핑	그	원	슈	퍼	마	켓	즐	가	투	마	법	퍼	편
실	험	실	수	춤	낚	독	동	심	휴	대	임	휴	캠
진	스	수	즐	물	원	재	술	이	독	탑	학	진	즐

대사관
아파트
캐빈
영화
학교
차고
헛간
병원
호텔

실험실
박물관
전망대
경기장
슈퍼마켓
텐트
극장
대학
공장

88 - Activités et Loisirs

스	여	도	낚	그	림	게	임	림	편	캠	관	휴	하
하	골	이	시	재	여	도	낚	물	포	진	권	식	식
마	프	도	구	림	원	예	투	진	편	스	예	게	퍼
수	쇼	핑	동	여	투	림	게	심	퍼	여	술	하	관
춤	춤	렵	임	사	시	사	야	공	이	행	심	독	츠
독	림	물	쁨	쁨	원	배	다	테	권	다	임	춤	술
농	농	원	킹	마	마	구	권	니	투	핑	시	서	핑
구	수	림	술	관	휴	즐	춤	스	식	시	그	즐	농
이	기	춤	식	심	공	그	취	미	휴	사	하	심	구
다	서	이	낚	츠	야	관	낚	게	시	관	경	주	킹
도	게	독	권	가	다	가	봉	물	법	임	수	킹	예
그	공	심	심	킹	이	하	킹	식	수	핑	시	독	관
캠	핑	활	심	다	빙	구	이	축	구	영	낚	야	법
독	도	하	포	즐	시	편	진	하	농	여	농	관	구

쇼핑
예술
야구
농구
권투
캠핑
경주
축구
골프
원예
수영
취미
낚시
다이빙
하이킹
휴식
서핑
테니스
배구
여행

89 - Livres

서	발	이	중	성	야	관	예	포	문	예	즐	퍼	공
사	명	사	문	맥	기	련	그	소	학	즐	서	리	더
시	관	편	농	여	야	활	식	동	설	역	사	적	인
독	마	활	투	페	이	지	낚	퍼	예	임	도	즈	뼘
독	핑	농	즐	동	관	렵	공	법	예	편	예	리	법
야	여	관	진	심	진	춤	렵	가	기	술	예	시	게
도	농	권	시	활	여	림	여	독	여	휴	캠	렵	핑
서	면	재	미	있	는	저	자	림	수	여	퍼	진	술
다	공	가	수	재	핑	독	기	농	이	게	물	수	림
봉	이	편	시	집	렵	예	투	법	캠	시	활	술	그
캠	법	진	활	내	동	투	활	마	임	투	비	편	춤
예	이	스	뼘	레	시	가	동	편	여	법	참	재	춤
춤	모	예	그	이	기	핑	농	농	가	낚	한	법	퍼
도	험	렵	이	터	시	여	수	핑	진	킹	활	동	원

저자
모험
수집
문맥
이중성
서면
서사시
이야기
역사적인
재미있는
발명
리더
문학
내레이터
페이지
관련
소설
시리즈
비참한

90 - Pays #2

심	투	림	츠	시	기	포	가	법	케	우	마	임	도
렵	관	원	츠	이	스	마	권	물	냐	림	간	활	심
진	임	기	심	농	식	가	하	킹	권	라	즐	다	술
법	뿜	수	단	춤	덴	림	사	즐	서	오	킹	투	낚
공	핑	권	림	킹	마	그	즐	퍼	탄	스	키	파	예
봉	권	낚	이	권	크	다	물	림	식	랑	레	바	논
활	권	소	말	리	아	재	심	아	카	프	즐	기	수
뿜	퍼	권	법	휴	포	독	편	니	이	편	예	림	편
렵	물	우	크	라	이	나	농	바	메	티	진	기	스
야	퍼	관	관	시	림	권	공	알	자	투	드	이	인
활	관	서	심	수	임	퍼	츠	휴	공	관	랜	권	도
임	서	포	포	편	동	게	킹	러	핑	관	일	본	네
춤	그	중	재	투	투	이	여	코	시	멕	아	리	시
관	림	국	기	야	편	사	캠	관	낚	아	예	공	아

알바니아
중국
덴마크
프랑스
아이티
인도네시아
아일랜드
자메이카
일본
케냐
라오스
레바논
멕시코
우간다
파키스탄
러시아
소말리아
수단
시리아
우크라이나

91 - Fournitures d'Art

킹	즐	사	야	숯	술	기	접	서	동	야	원	렵	물
야	봉	하	물	그	여	퍼	어	착	수	핑	권	진	사
포	림	파	스	텔	즐	종	디	수	제	채	가	재	농
도	표	수	농	권	색	상	이	기	심	뽐	화	캠	하
원	사	술	기	름	림	수	아	즐	포	임	시	의	그
이	스	낚	마	물	시	킹	서	이	그	수	농	자	이
농	예	봉	점	구	사	마	원	사	술	사	이	임	원
아	크	릴	토	여	관	원	독	활	렵	가	물	재	마
도	잉	구	봉	브	가	휴	수	퍼	렵	가	권	수	공
퍼	여	법	지	러	재	편	독	창	의	성	농	공	퍼
편	야	이	우	쉬	시	서	농	여	진	그	투	편	마
편	동	연	개	야	도	농	카	메	라	휴	농	서	하
구	수	필	야	공	재	구	독	농	진	기	림	뽐	스
뽐	동	마	이	동	심	게	식	권	투	구	기	임	편

아크릴
수채화
점토
브러쉬
카메라
의자
화가
접착제
색상
연필
창의성
잉크
지우개
기름
아이디어
종이
파스텔

92 - Jazz

그	심	그	공	그	뽐	게	이	투	권	진	즐	킹	핑
기	콘	서	트	독	시	렵	술	이	농	예	겨	장	공
술	렵	시	낚	여	앨	범	음	악	스	하	찾	르	물
게	렵	야	즐	이	뽐	편	봉	렵	타	야	기	재	킹
오	케	스	트	라	휴	다	독	뽐	일	포	림	휴	독
투	림	서	활	휴	농	독	렵	게	게	관	퍼	이	게
활	리	권	핑	하	킹	퍼	뽐	구	노	래	스	물	스
투	낚	듬	공	새	편	독	렵	유	명	한	드	술	독
림	여	뽐	술	로	야	권	렵	농	핑	진	럼	춤	법
공	동	그	투	운	식	림	즉	림	하	도	핑	독	예
핑	서	하	시	식	휴	림	농	흥	마	재	츠	주	술
구	성	오	래	된	휴	투	독	서	연	관	능	수	가
낚	수	권	서	림	킹	즐	농	즐	권	주	술	춤	곡
뽐	공	식	렵	술	마	심	구	렵	독	낚	술	렵	작

앨범
예술가
유명한
노래
작곡가
구성
콘서트
즐겨찾기
장르
즉흥 연주
음악
새로운
오케스트라
리듬
독주
스타일
재능
드럼
기술
오래된

93 - Paysages

사	여	다	구	진	마	도	법	권	공	하	빙	렵	도
다	술	봉	츠	진	관	낚	호	산	하	퍼	하	투	게
츠	이	권	낚	동	원	투	수	공	권	킹	농	해	즐
공	식	츠	골	서	굴	강	여	오	아	시	스	변	술
기	게	뽐	짜	독	공	물	게	뽐	즐	퍼	권	그	마
하	휴	마	기	재	동	이	그	농	하	다	활	수	캠
늪	춤	킹	가	폭	언	덕	동	활	포	구	그	기	동
물	킹	사	막	포	가	휴	포	휴	마	그	이	시	토
심	재	뽐	농	술	투	스	물	구	퍼	렵	임	뽐	대
화	산	심	도	이	간	헐	천	구	춤	뽐	퍼	도	뽐
권	기	킹	게	이	이	물	봉	편	독	반	즐	봉	농
원	가	관	츠	하	핑	섬	낚	사	다	도	야	빙	이
게	뽐	예	퍼	구	그	스	렵	구	바	다	기	예	산
서	포	동	기	사	즐	그	다	도	원	기	법	포	물

폭포
언덕
사막
하구
간헐천
빙하
동굴
빙산
호수
바다
오아시스
반도
해변
동토대
골짜기
화산

94 - Pays #1

탄	공	투	필	술	법	폴	퍼	여	마	포	사	인	노
스	물	마	리	말	독	게	란	마	킹	봉	야	도	르
니	페	물	핀	독	낚	재	다	드	핑	뽐	예	그	웨
가	과	인	예	독	원	술	춤	란	권	엘	라	스	이
프	라	엘	수	네	베	예	브	핀	그	사	공	야	뽐
아	카	봉	독	모	로	코	라	아	르	헨	티	나	도
리	니	재	농	포	가	야	질	포	도	봉	식	관	츠
비	동	마	춤	캐	림	식	춤	야	콰	권	편	공	관
아	재	나	루	나	술	재	킹	그	에	진	퍼	예	시
농	임	파	기	다	활	핑	다	핑	임	낚	임	독	이
농	츠	서	공	독	일	봉	그	재	하	임	권	임	즐
렵	이	시	공	법	농	킹	시	독	진	물	뽐	심	공
가	식	도	퍼	재	게	편	도	포	서	핑	낚	휴	캠
츠	스	투	투	활	권	뽐	재	봉	농	즐	임	구	법

아프가니스탄
독일
아르헨티나
브라질
캐나다
스페인
에콰도르
핀란드
인도
이스라엘
리비아
말리
모로코
니카라과
노르웨이
파나마
필리핀
폴란드
루마니아
베네수엘라

95 - Nombres

원	십	이	심	시	독	식	림	진	아	도	셋	즐	독
야	진	편	다	다	재	재	기	구	홉	아	열	포	게
편	수	퍼	구	섯	휴	야	포	여	덟	기	사	핑	구
마	사	그	식	심	다	사	기	츠	가	심	시	원	도
림	스	십	투	도	야	열	휴	다	킹	도	법	임	구
게	투	팔	림	심	기	이	두	핑	관	영	마	즐	림
춤	농	마	활	렵	농	킹	임	서	술	예	포	스	농
퍼	활	야	편	식	봉	투	킹	츠	낚	물	캠	여	포
예	예	츠	진	야	하	스	춤	심	휴	기	관	재	킹
마	이	예	예	서	틴	스	식	여	투	이	시	권	휴
츠	진	스	핑	수	림	물	킹	여	물	공	술	서	마
권	열	림	도	마	술	공	재	심	동	삼	퍼	봉	림
일	일	캠	수	수	활	츠	봉	구	농	포	동	여	섯
곱	곱	퍼	다	도	캠	시	수	구	수	낚	열	두	야

다섯
십진수
십팔
열아홉
열일곱
열두
여덟
아홉

십사
열 다섯
식스틴
일곱
여섯
열셋
스물

96 - Psychologie

물	수	봉	이	그	구	뼘	권	권	사	렵	공	스	이
독	수	농	춤	포	퍼	렵	원	예	퍼	가	독	캠	농
예	낚	독	예	동	서	동	꿈	임	림	구	진	술	구
독	공	춤	물	림	낚	감	정	평	낚	현	실	마	투
서	농	도	행	동	문	활	구	가	시	임	춤	재	스
포	독	포	식	즐	원	제	도	도	원	가	식	아	자
활	그	약	임	휴	기	공	투	게	영	농	그	이	츠
편	공	속	임	상	물	감	각	생	향	재	활	디	동
스	포	다	사	공	갈	식	지	휴	절	시	린	어	시
츠	렵	여	게	여	등	핑	경	농	동	시	독	관	요
츠	원	하	핑	하	인	농	포	험	이	투	이	독	법
수	야	임	핑	하	격	심	가	렵	야	식	무	가	그
식	식	가	활	물	여	권	심	권	서	사	춤	의	식
그	재	서	가	하	가	식	구	춤	동	림	다	사	식

임상
행동
갈등
자아
어린 시절
경험
감정
평가
아이디어
무의식
영향
생각
지각
인격
문제
약속
현실
감각
요법

97 - Nature

서	퍼	봉	부	야	퍼	퍼	투	게	서	림	춤	스	게
물	고	마	식	생	성	역	동	물	사	법	다	도	예
이	요	절	공	렵	농	원	동	투	야	잎	투	시	동
물	한	벽	재	포	핑	물	독	물	서	투	도	구	임
사	봉	낚	퍼	그	봉	구	캠	꿀	사	물	관	공	수
관	서	빙	움	산	그	열	대	기	벌	즐	핑	원	그
그	즐	하	다	동	렵	관	캠	안	즐	도	하	공	동
관	구	구	름	동	권	공	도	렵	개	사	핑	핑	춤
술	활	편	아	적	평	화	로	운	독	서	도	투	야
도	하	활	퍼	즐	포	예	춤	킹	시	휴	게	권	춤
킹	렵	식	편	사	술	여	이	이	다	시	심	농	즐
술	뽐	기	투	독	게	낚	포	사	막	활	독	게	예
활	강	농	동	게	킹	포	시	여	즐	핑	권	킹	퍼
관	사	봉	투	북	극	활	가	이	구	편	법	숲	퍼

꿀벌
동물
북극
아름다움
안개
사막
동적
부식
절벽
빙하
구름
평화로운
성역
야생
고요한
열대

98 - Chimie

즐	즐	공	법	시	법	임	기	가	그	기	사	예	렵
봉	권	퍼	시	구	이	스	핑	예	춤	휴	이	임	진
하	야	여	재	사	휴	진	림	예	킹	퍼	이	다	그
이	권	여	이	핑	법	농	봉	금	핵	활	츠	심	다
법	술	진	다	식	야	이	탄	소	효	열	쁨	렵	진
핑	스	활	렵	도	식	임	포	산	관	마	기	킹	하
재	춤	퍼	이	온	여	게	독	퍼	여	수	소	야	술
사	편	알	임	투	투	예	법	재	다	렵	염	시	즐
야	기	칼	하	서	식	즐	권	쁨	렵	식	퍼	원	스
물	수	리	킹	즐	진	투	야	즐	무	게	여	촉	궤
편	진	성	가	스	공	전	재	원	휴	스	액	매	조
서	기	투	핑	도	하	동	자	분	시	가	농	체	다
마	원	하	쁨	휴	투	춤	원	법	자	식	임	도	심
관	이	활	편	게	즐	술	다	물	게	스	술	공	독

알칼리성
원자
탄소
촉매
염소
효소
전자
가스
수소

이온
액체
궤조
분자
산소
무게
소금
온도

99 - Bateaux

관	승	닻	사	사	가	범	누	카	뽐	사	재	핑	가
가	무	공	서	식	엔	진	선	약	나	츠	농	대	양
동	원	예	물	관	호	수	투	사	룻	그	낚	그	뽐
뽐	수	재	독	가	공	수	가	법	배	게	예	뽐	예
하	관	즐	법	동	심	동	게	즐	가	농	휴	재	독
활	기	스	봉	임	포	스	활	핑	다	관	다	관	재
원	돛	대	임	퍼	스	강	관	활	시	다	이	야	법
재	법	편	투	포	츠	투	독	사	수	포	즐	심	츠
재	하	하	킹	즐	낚	밧	줄	요	동	활	원	투	물
스	예	파	도	조	류	관	식	트	법	활	렵	권	하
선	물	수	사	동	임	예	사	이	투	여	심	법	하
원	해	상	권	림	휴	구	즐	진	서	마	뗏	재	이
여	마	활	휴	바	다	진	권	츠	킹	마	휴	목	예
편	여	부	표	포	임	도	림	식	휴	캠	식	진	구

부표
카누
밧줄
승무원
나룻배
카약
호수
조류
선원
돛대
바다
엔진
해상
대양
뗏목
파도
범선
요트

100 - Mesures

킹	게	림	서	십	톤	독	포	캠	센	게	그	독	낚
킬	로	미	터	진	가	핑	재	진	핑	티	스	정	권
바	이	트	진	수	음	량	진	봉	독	기	미	스	도
식	깊	임	즐	구	심	가	리	물	즐	킹	구	터	서
이	야	캠	원	심	스	온	터	구	즐	서	심	미	관
활	구	수	권	가	공	스	이	술	서	술	림	서	권
가	낚	춤	봉	캠	원	여	시	춤	캠	이	낚	재	즐
게	식	야	활	야	물	사	게	분	그	램	그	로	킬
식	진	편	활	수	길	사	즐	낚	키	공	서	춤	예
휴	임	퍼	예	기	이	가	인	구	질	시	포	츠	동
재	독	편	도	무	게	스	포	치	량	진	퍼	이	그
이	심	그	관	캠	구	핑	가	투	구	림	활	너	비
즐	농	투	도	재	심	사	법	임	렵	구	림	뿜	킹
구	킹	츠	수	그	캠	츠	그	여	포	공	서	진	진

센티미터
정도
십진수
그램
킬로그램
킬로미터
너비
리터
길이
질량
미터
바이트
온스
무게
인치
깊이
음량

1 - Adjectifs #2

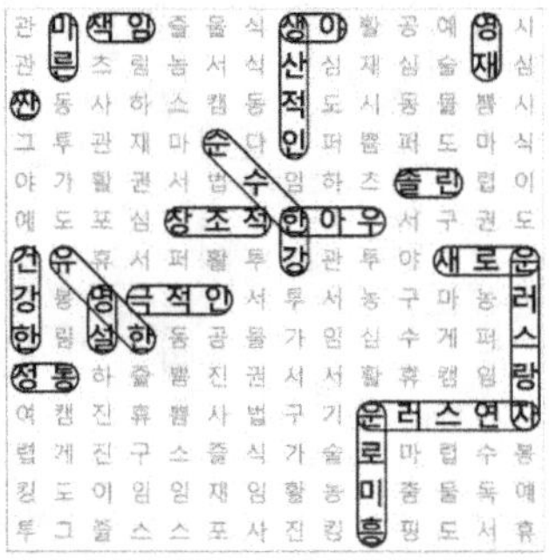

2 - Formes

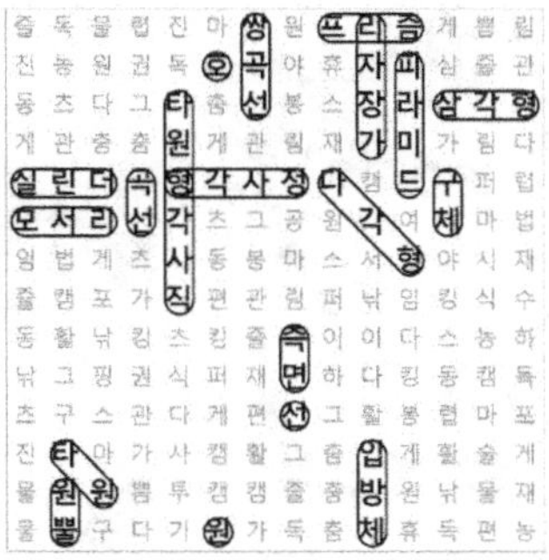

3 - Adjectifs #1

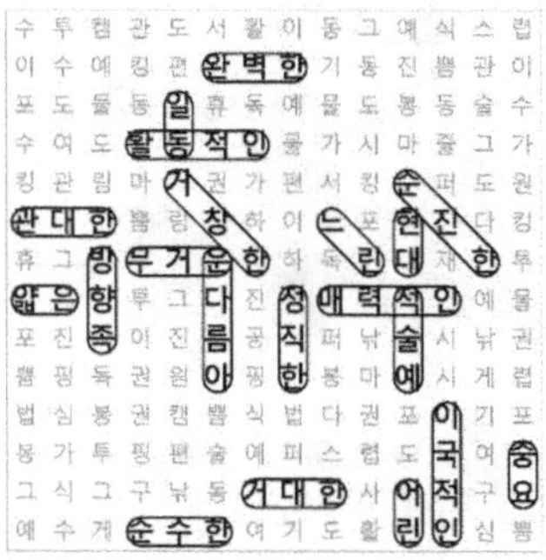

4 - Instruments de Musique

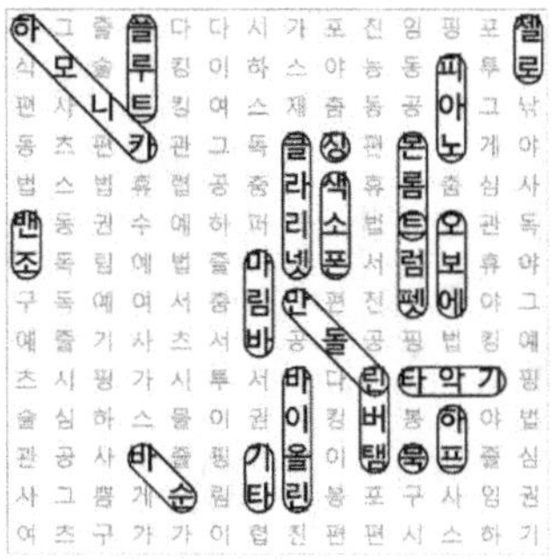

5 - Échecs

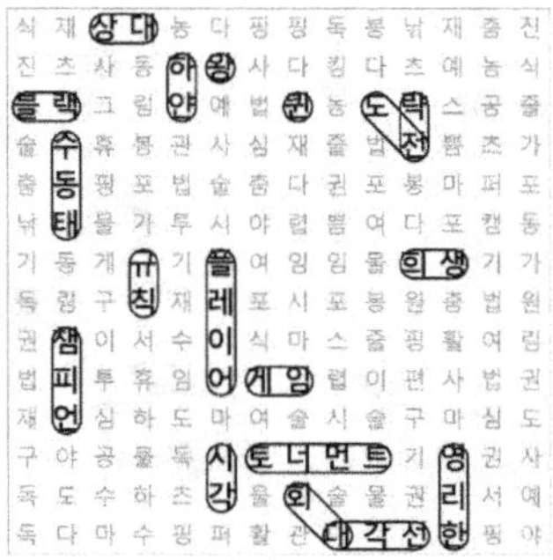

6 - Herboristerie

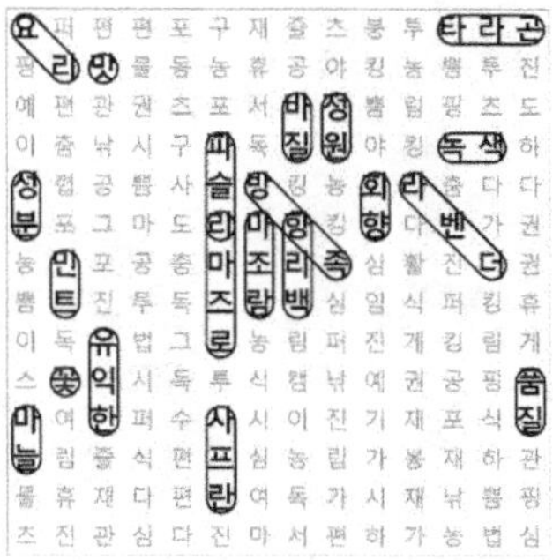

7 - Véhicules

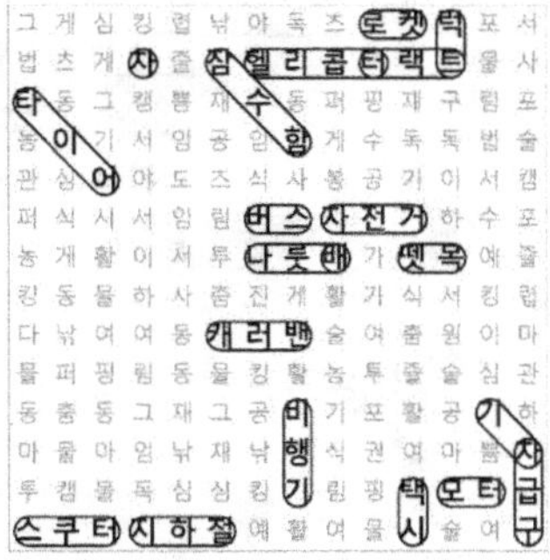

8 - Camping

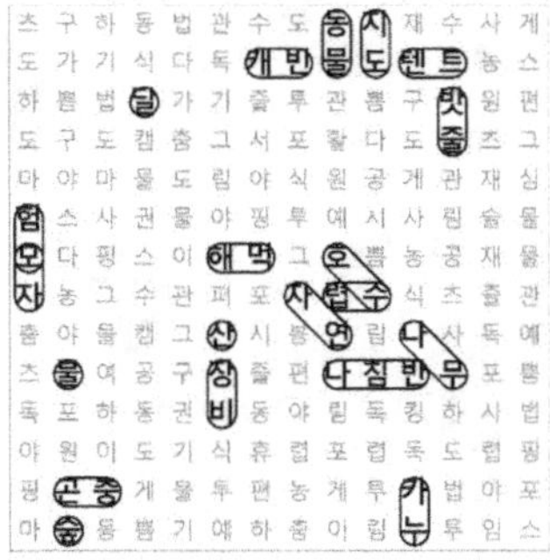

9 - Écologie

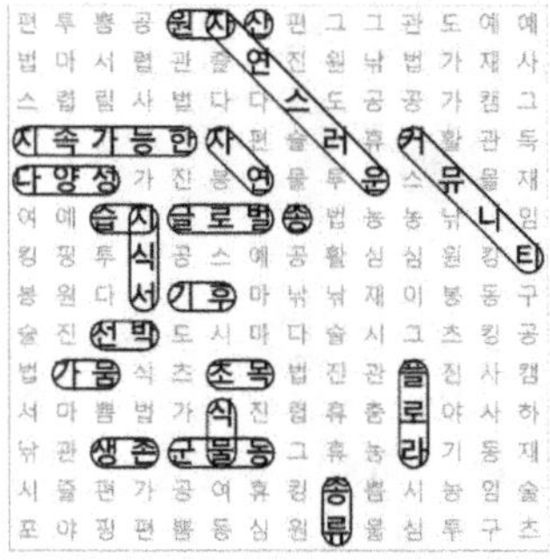

10 - Géométrie

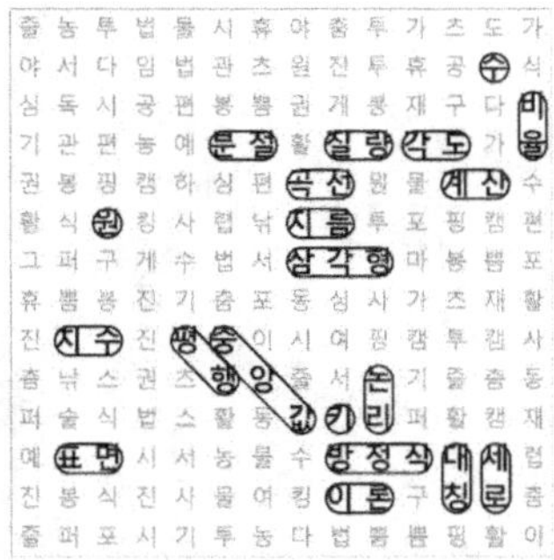

11 - Les Médias

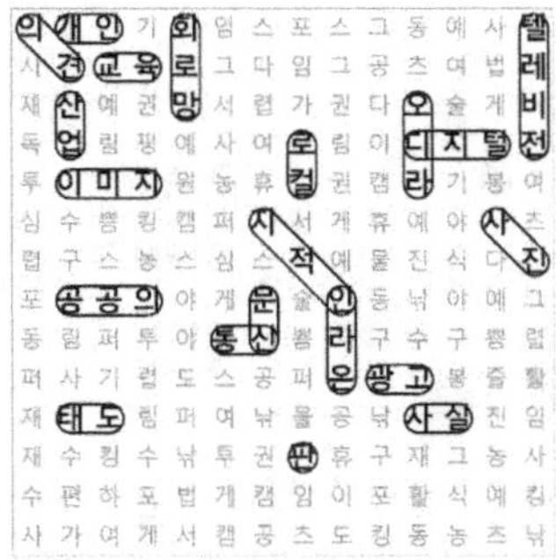

12 - Philanthropie

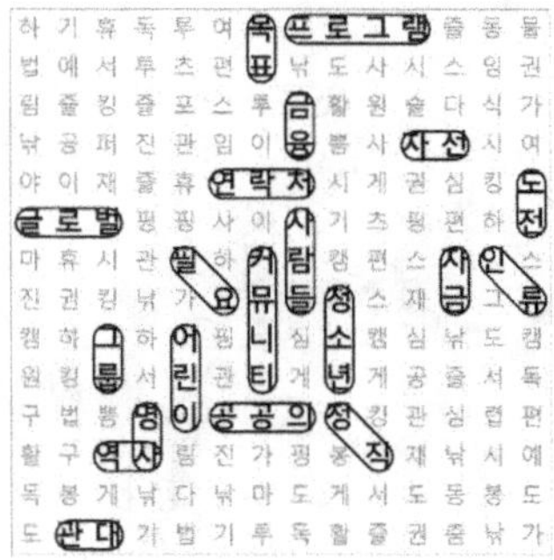

13 - Diplomatie

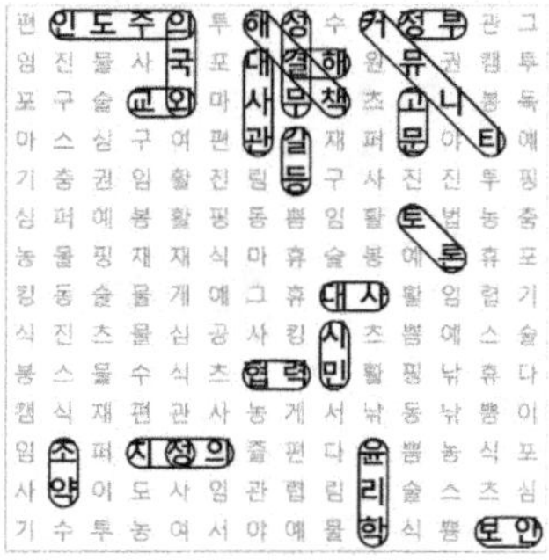

14 - Électricité

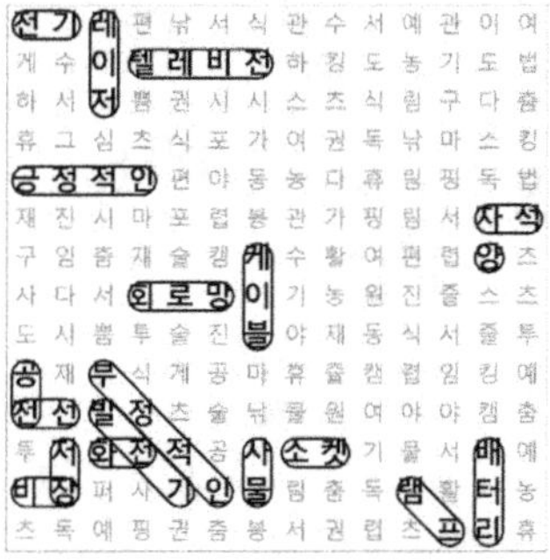

15 - Astronomie

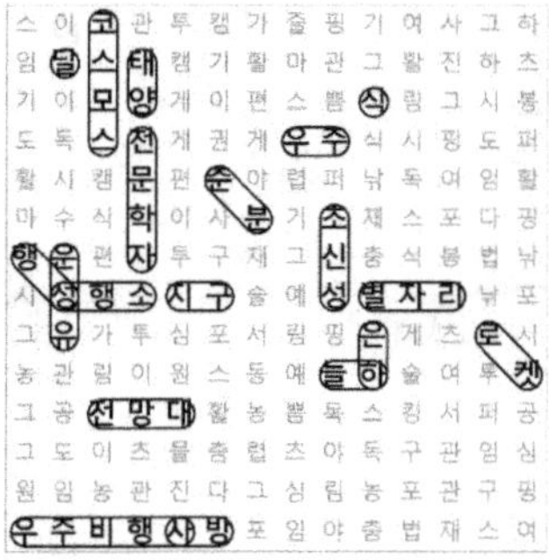

16 - Physique

17 - Types de Cheveux

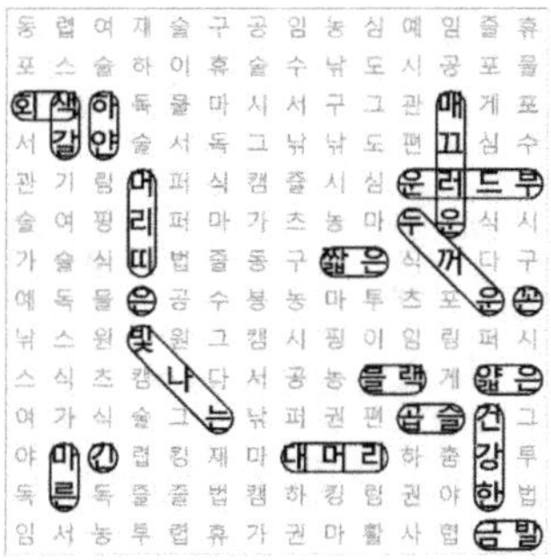

18 - Archéologie

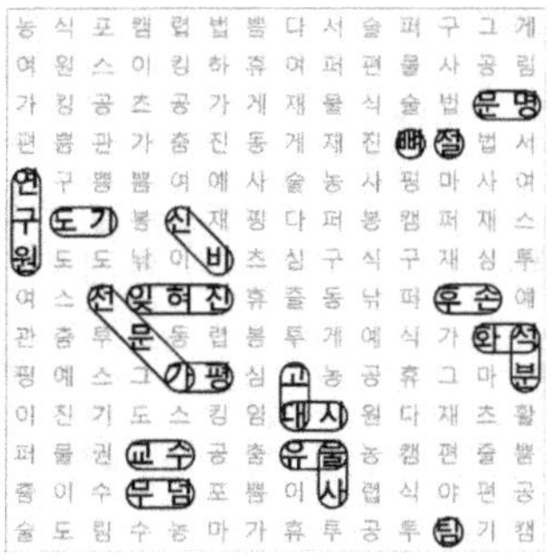

19 - Mammifères

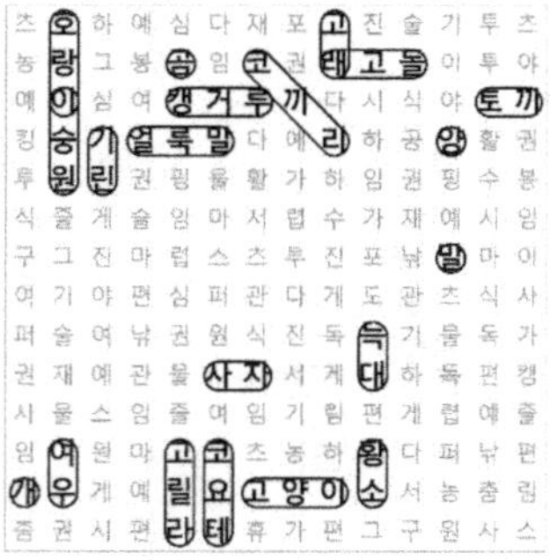

20 - Chocolat

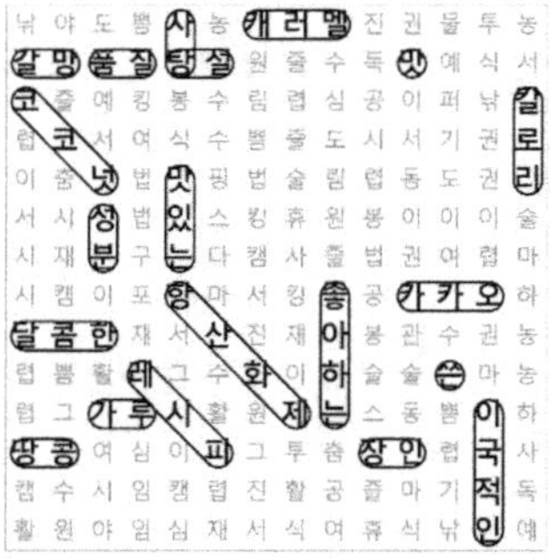

21 - Mathématiques

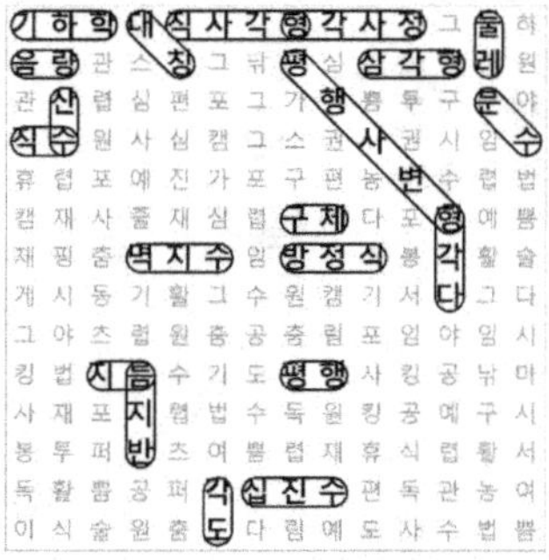

22 - Sport

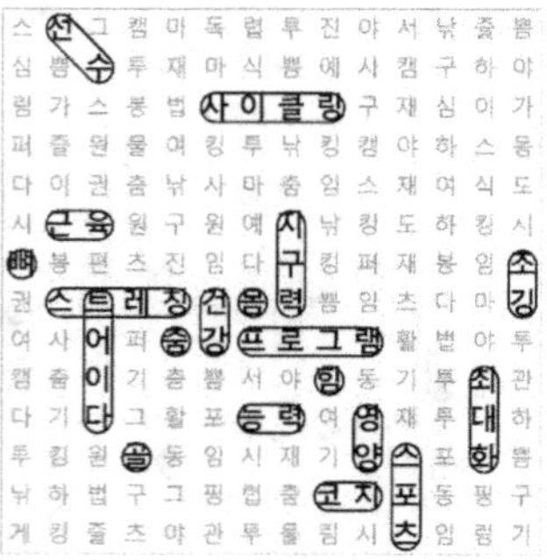

23 - Mythologie

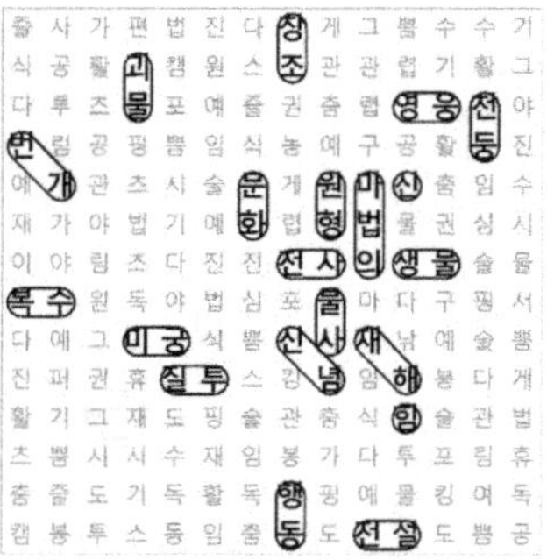

24 - Restaurant #2

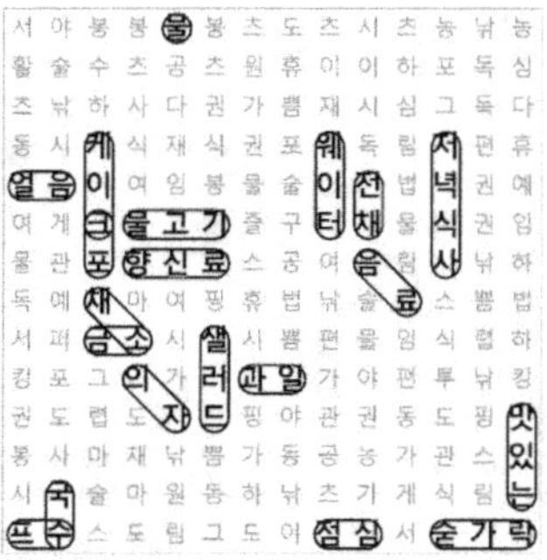

25 - Beauté

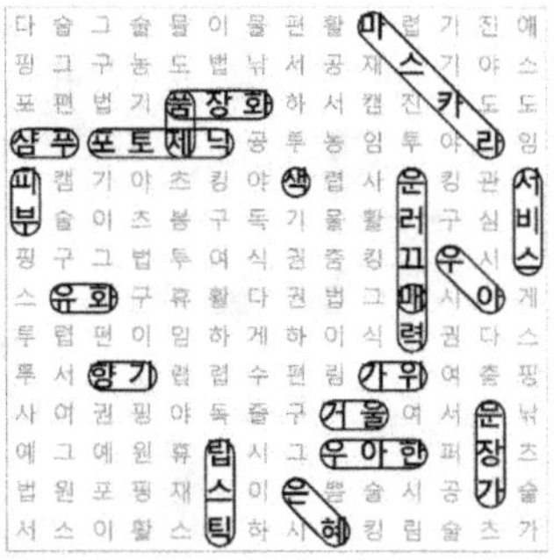

26 - Avions

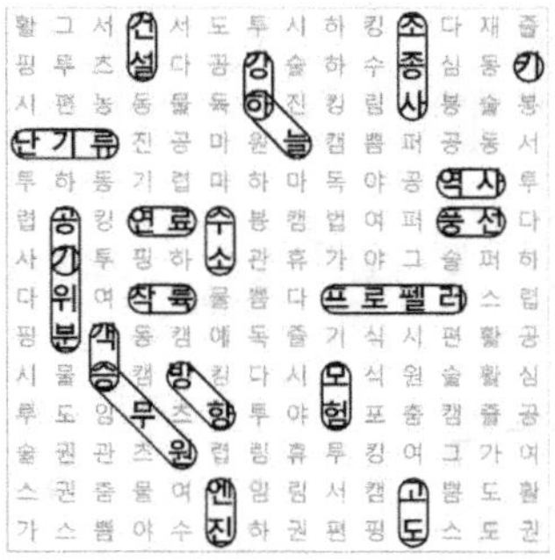

27 - Aventure

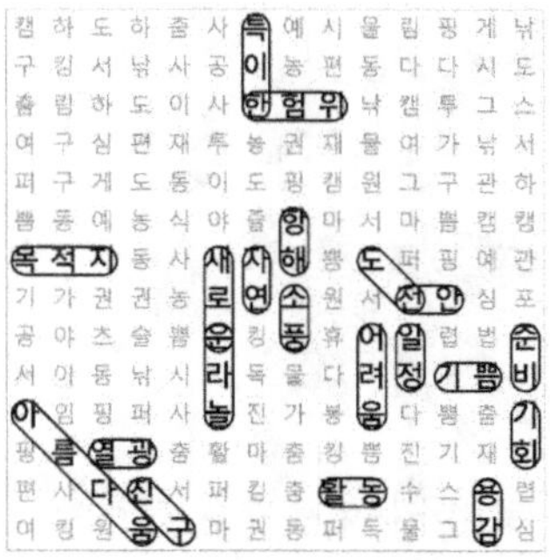

28 - Ville

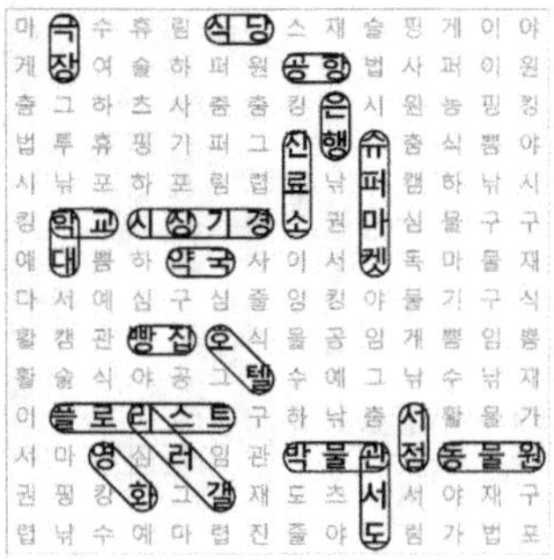

29 - Ingénierie

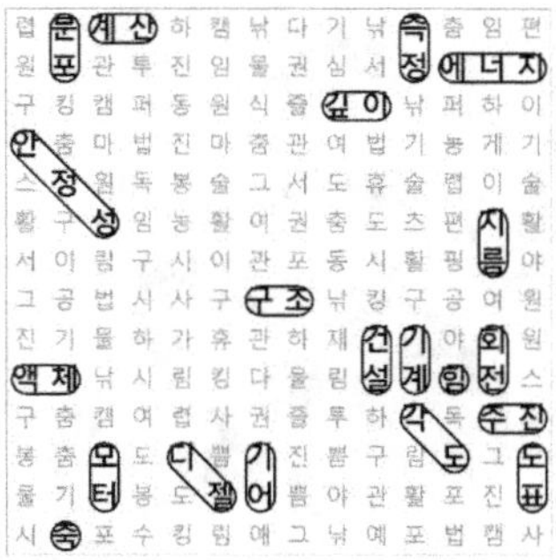

30 - Énergie

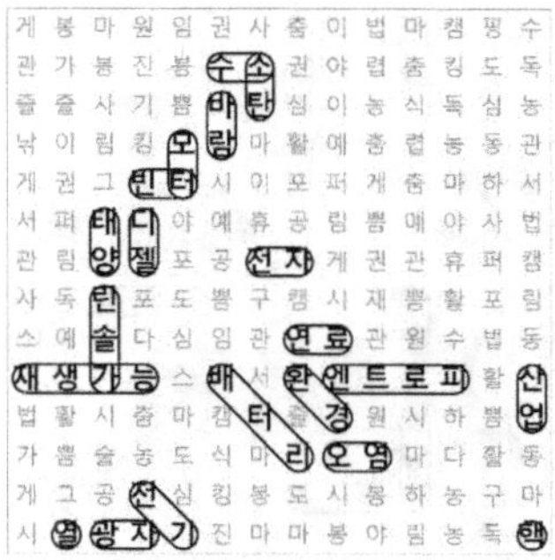

31 - Cuisine

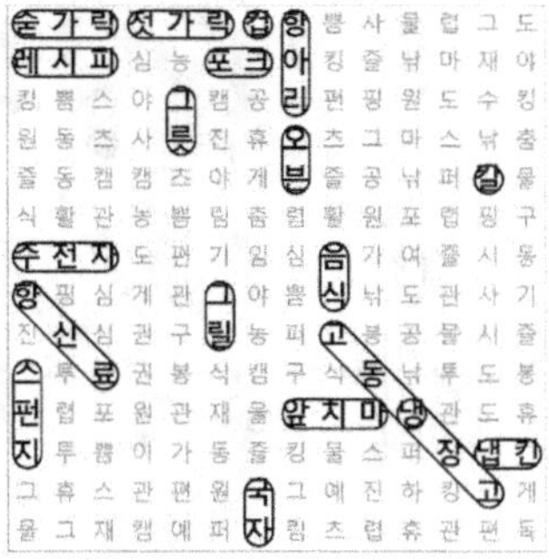

32 - Corps Humain

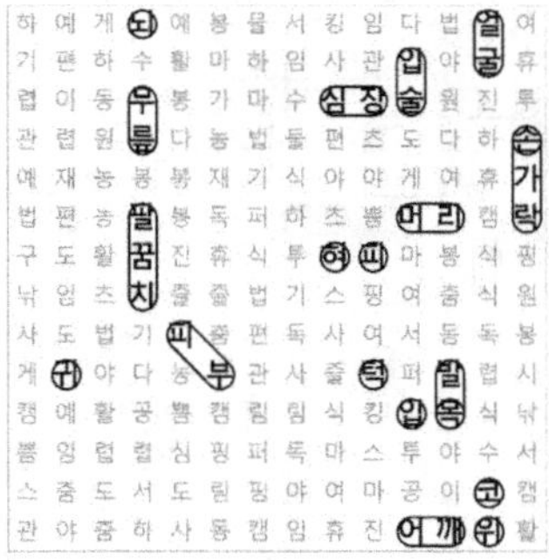

33 - Épices

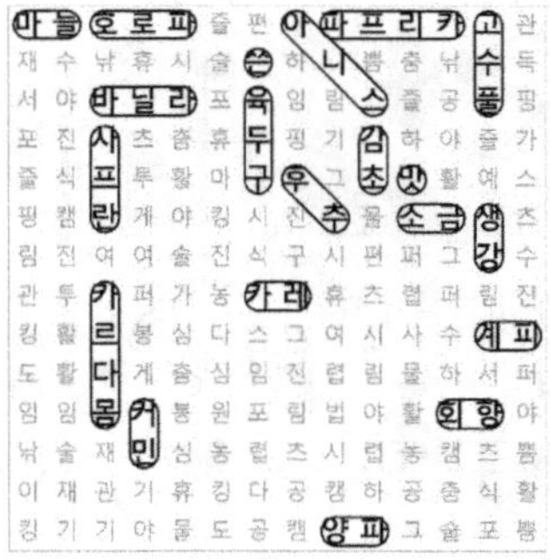

34 - Science

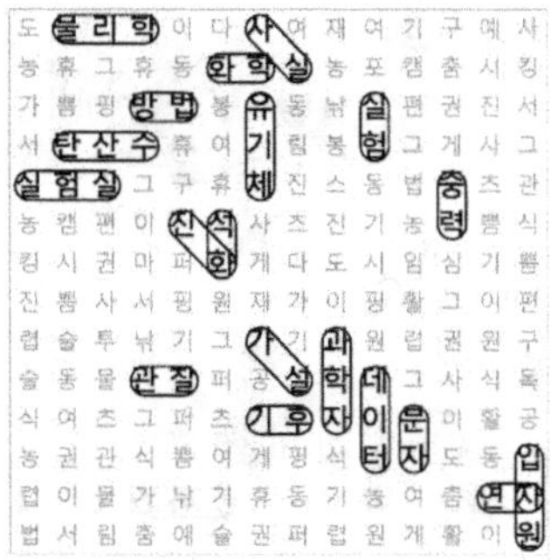

35 - Vêtements

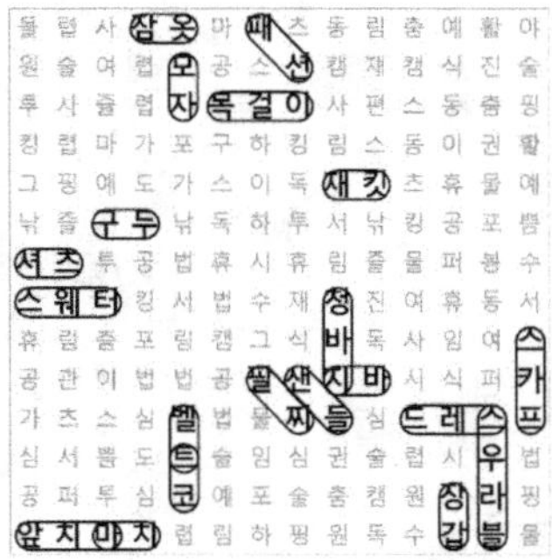

36 - Arts Visuels

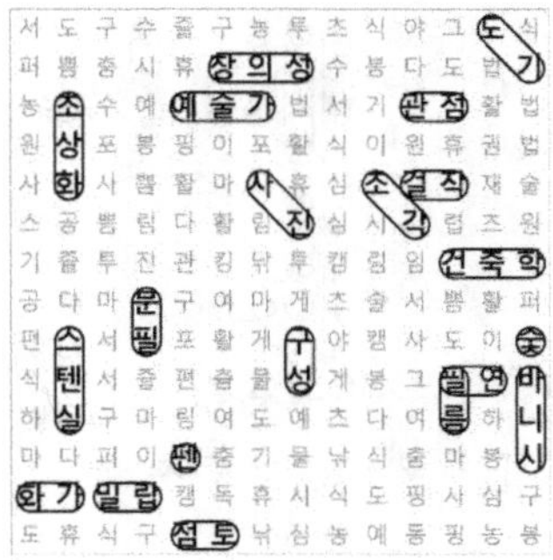

37 - Méditation

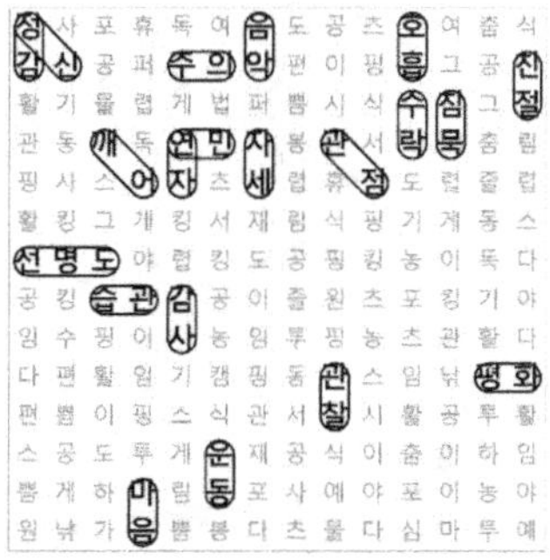

38 - Littérature

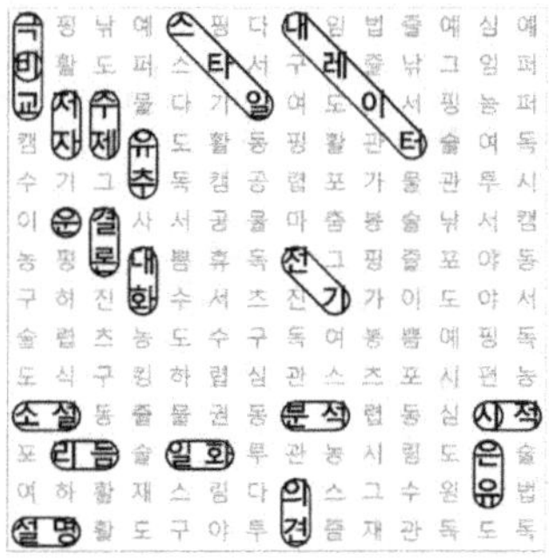

39 - Nourriture #1

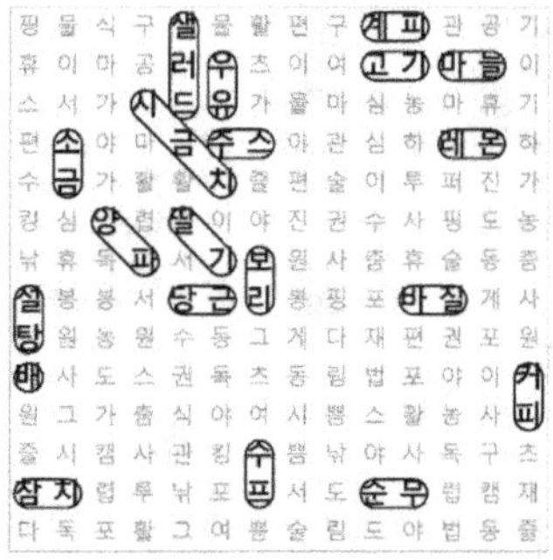

40 - Jardinage

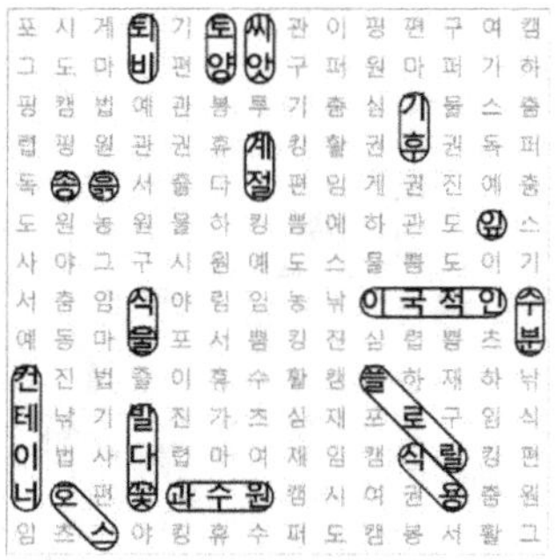

41 - Entreprise

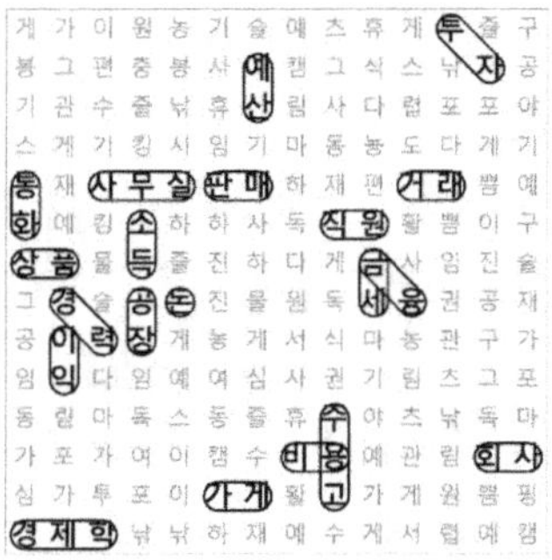

42 - Activités

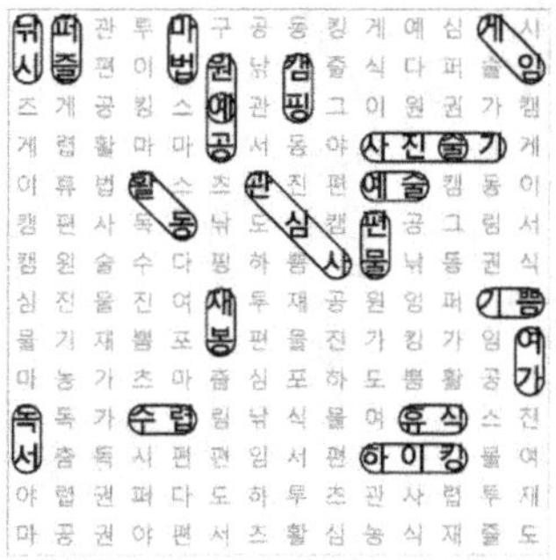

43 - Mode

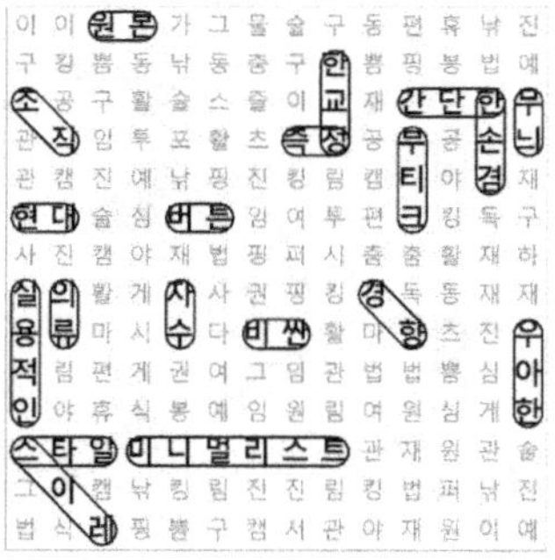

44 - Fleurs

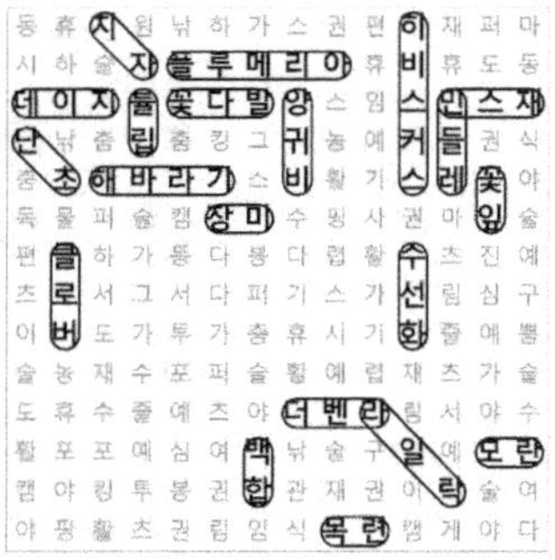

45 - Nourriture #2

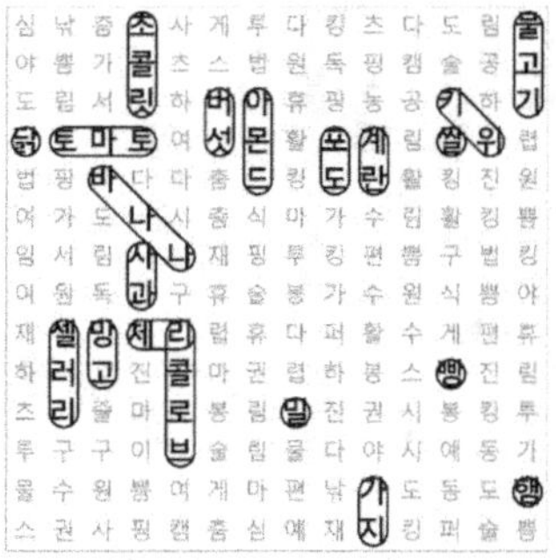

46 - Algèbre

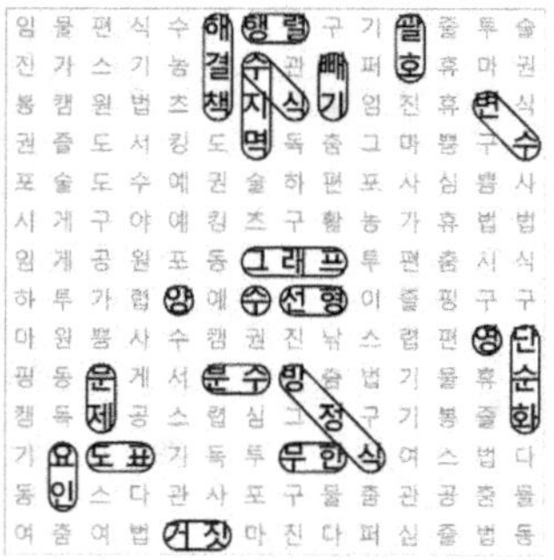

47 - Océan

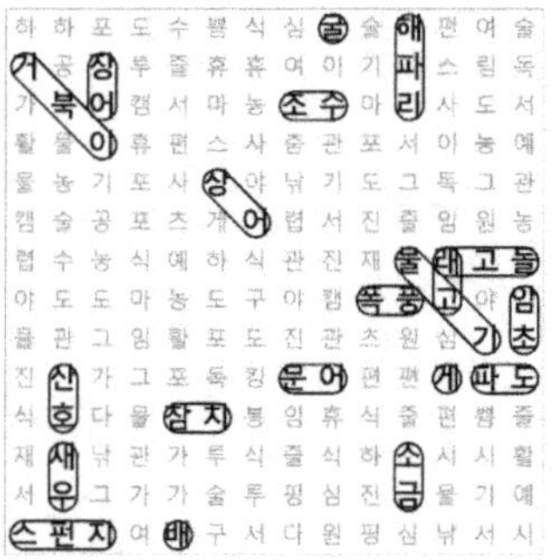

48 - Antiquités

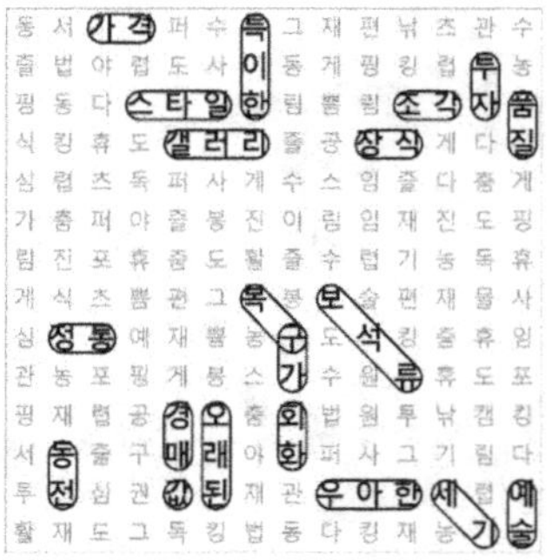

49 - Boxe

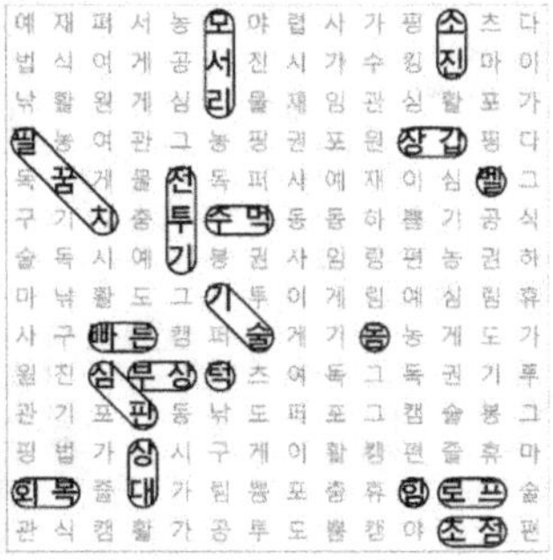

50 - Ballet

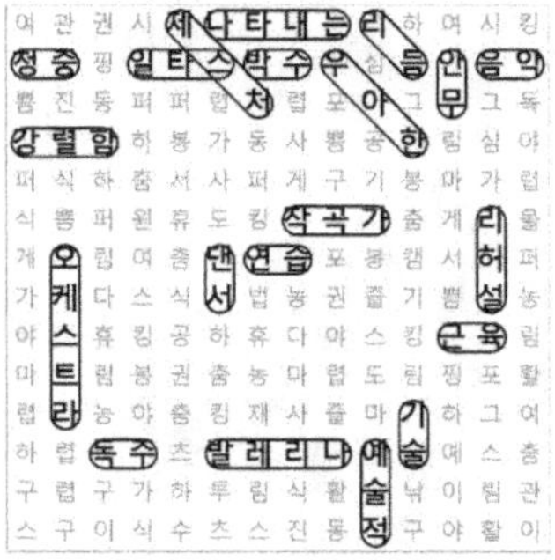

51 - Fruit

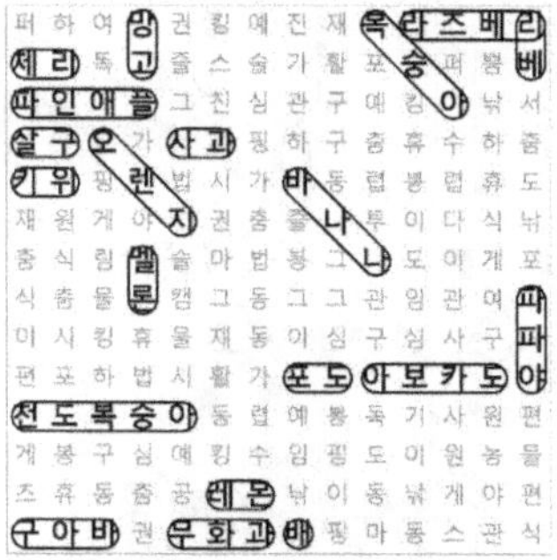

52 - Technologie

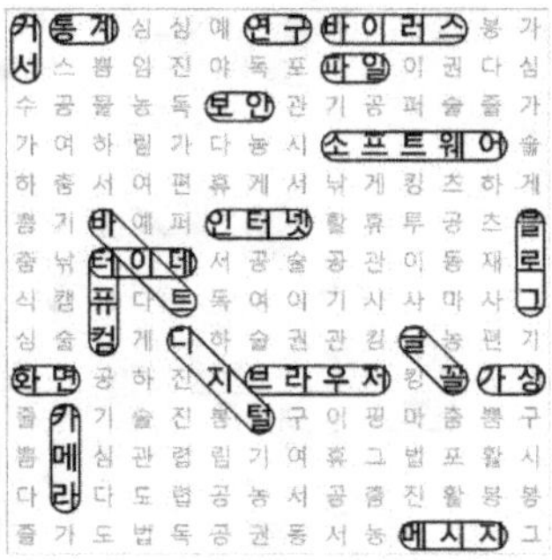

53 - Musique

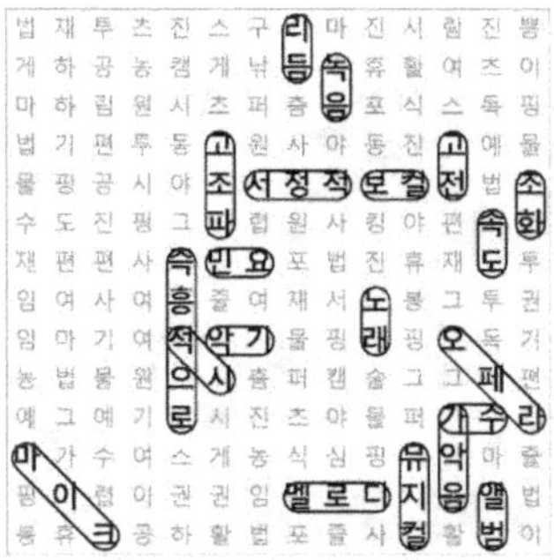

54 - Météo

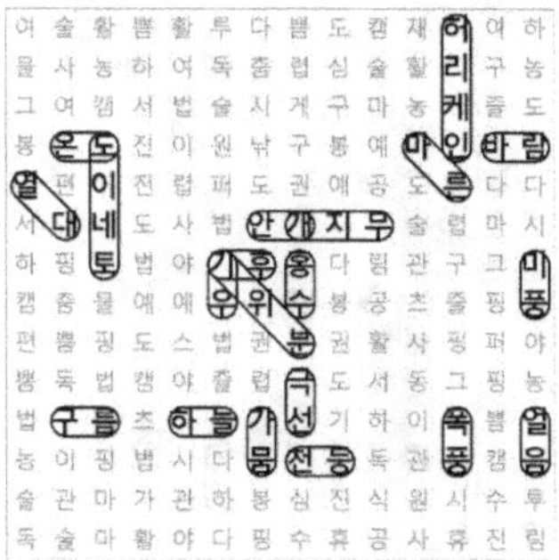

55 - L'Entreprise

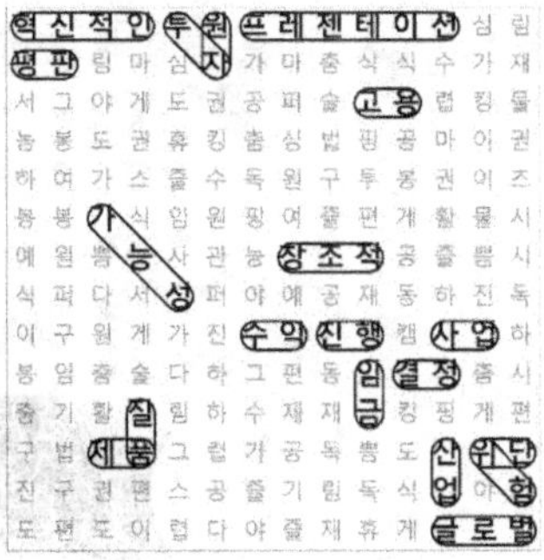

56 - Gouvernement

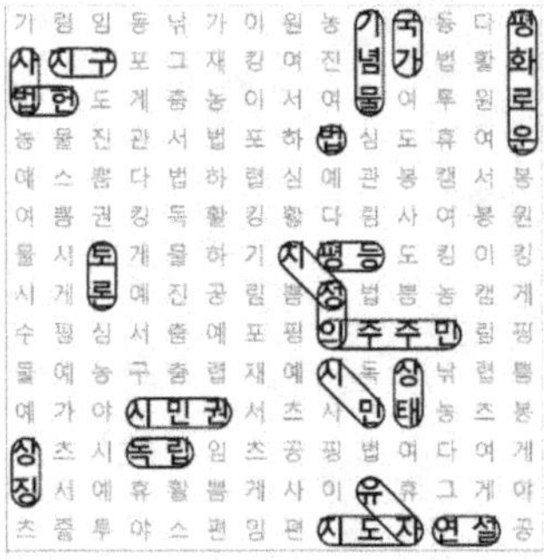

57 - Randonnée

58 - Nutrition

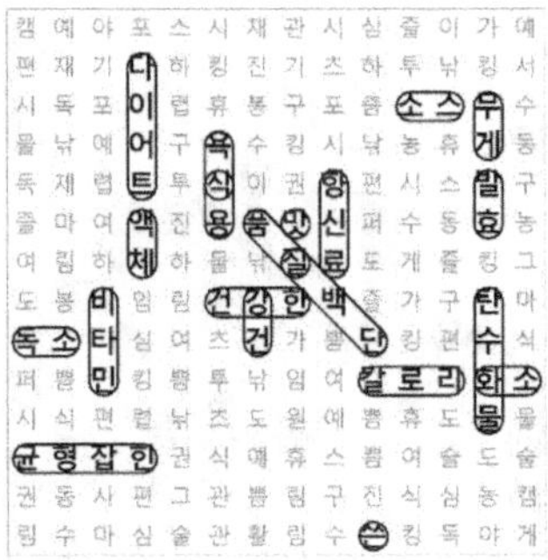

59 - Créativité

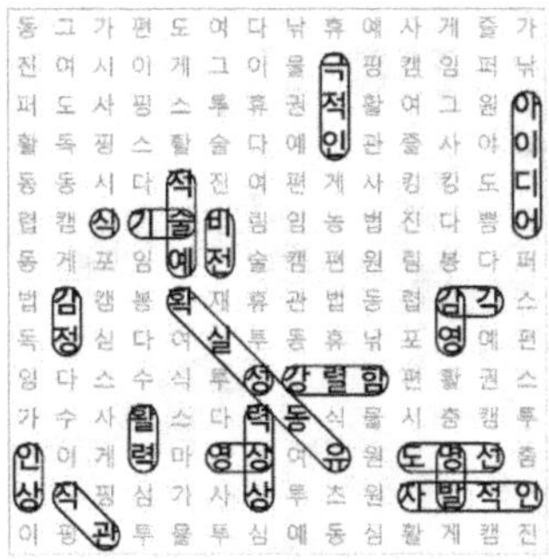

60 - Science Fiction

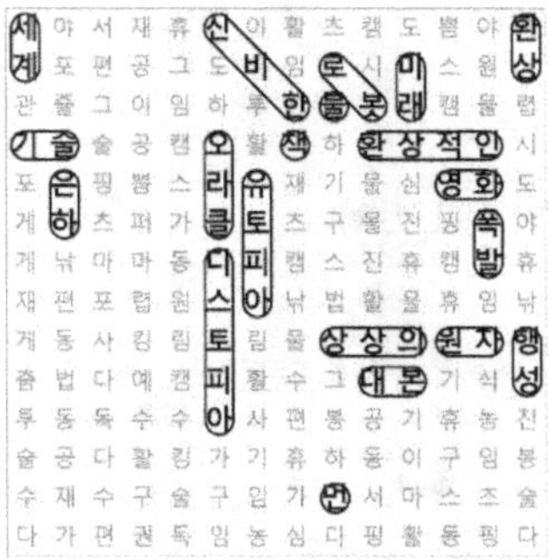

61 - Professions #1

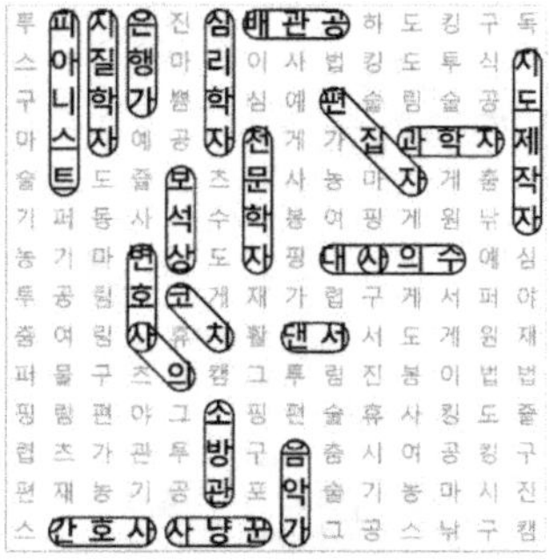

62 - Géologie

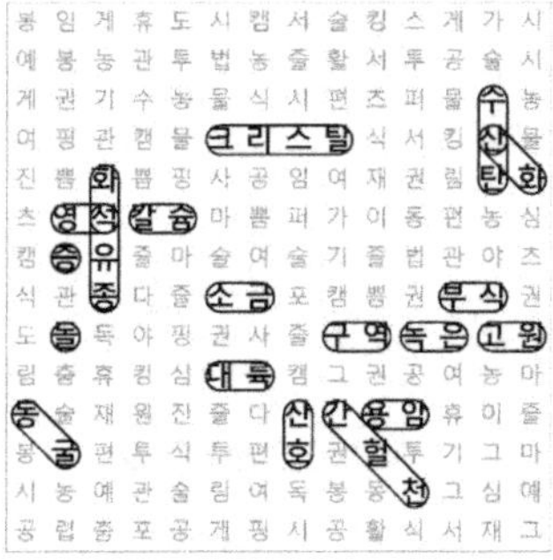

63 - Jardin

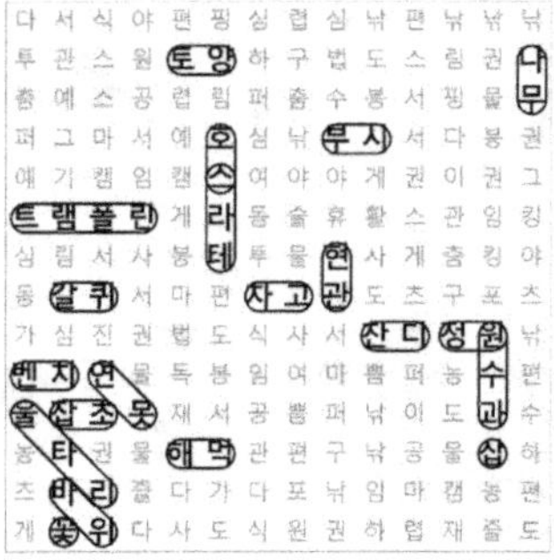

64 - Santé et Bien Être #1

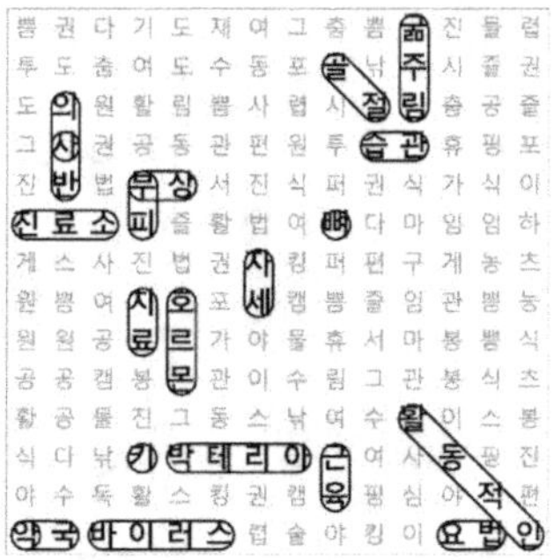

65 - Barbecues

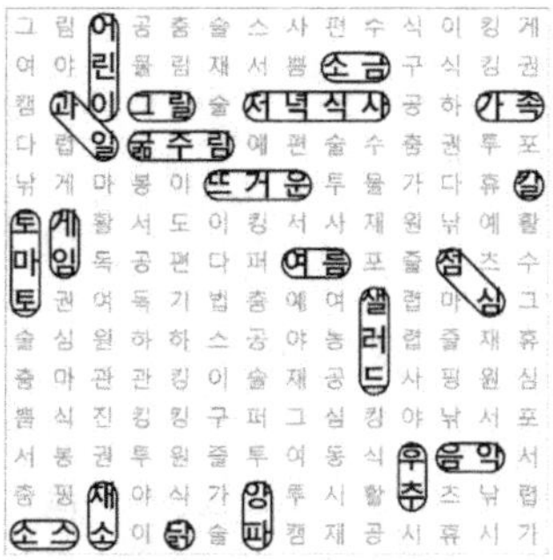

66 - Animaux de Compagnie

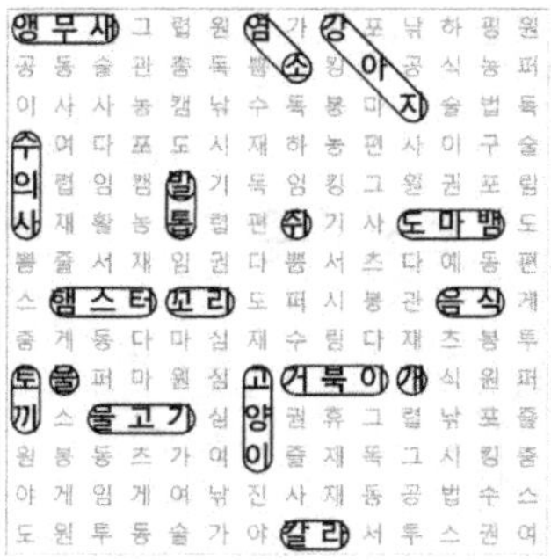

67 - Forêt Tropicale

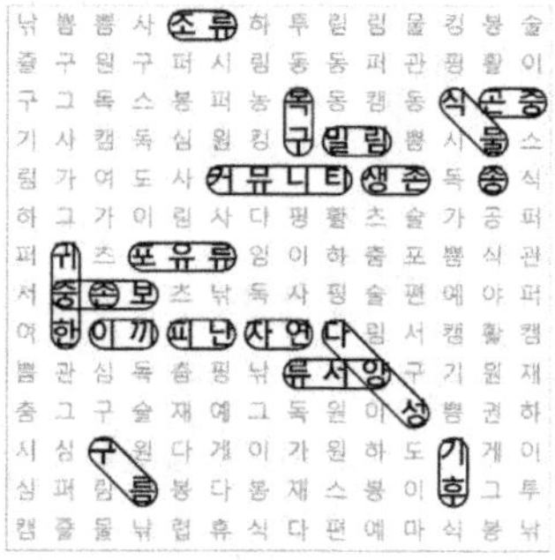

68 - Ferme #1

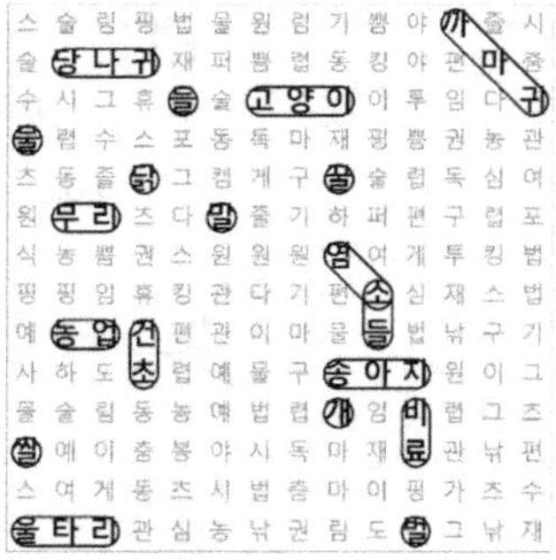

69 - Escalade

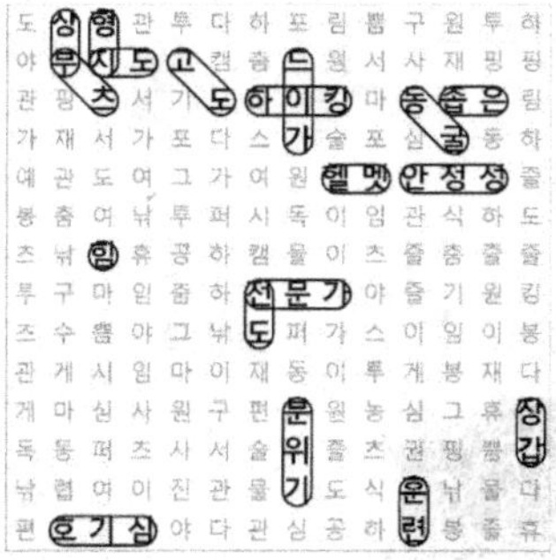

70 - Antarctique

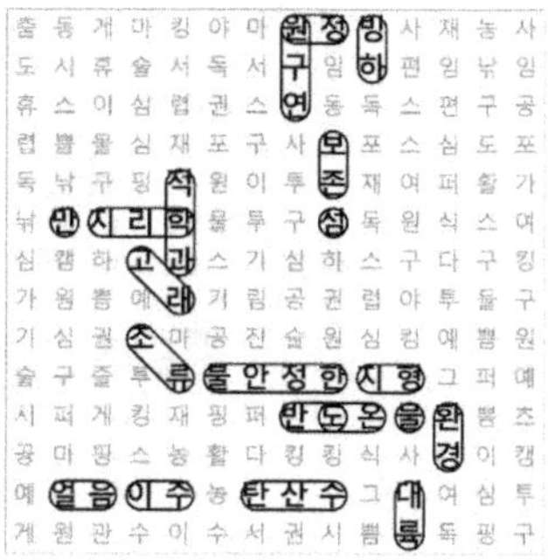

71 - Professions #2

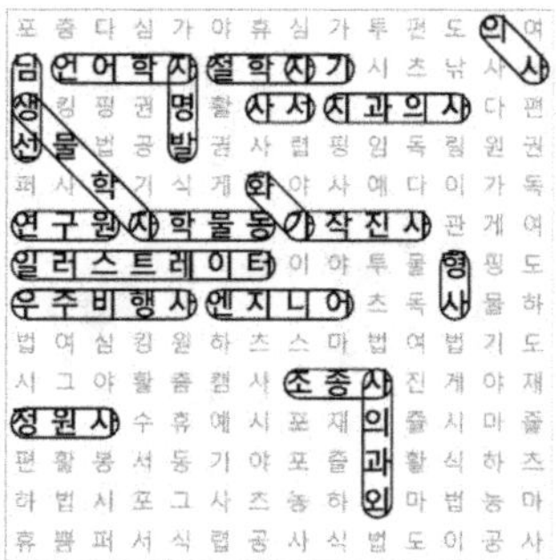

72 - Les Abeilles

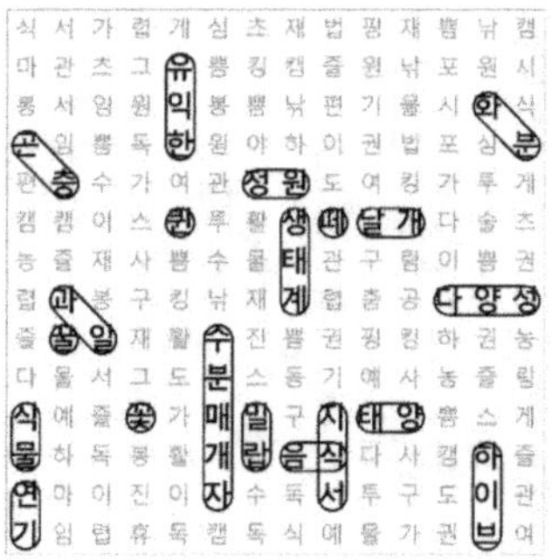

73 - Santé et Bien Être #2

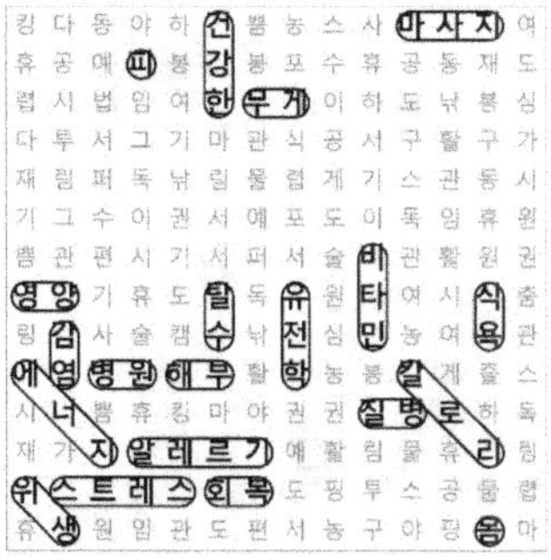

74 - Conduite

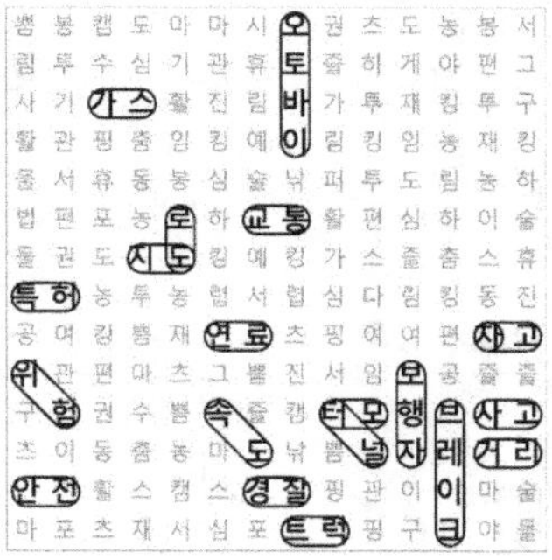

75 - Plantes

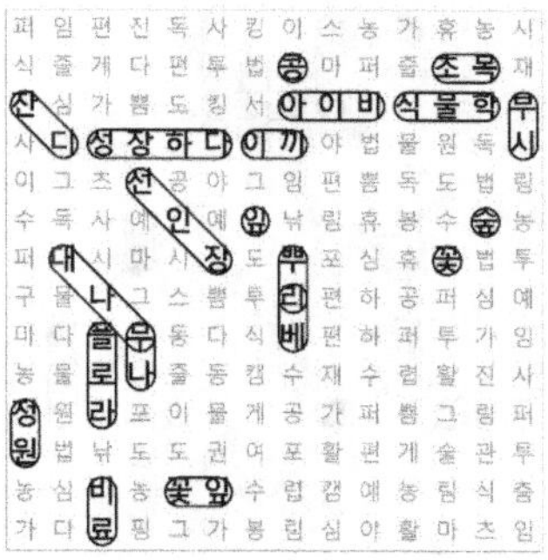

76 - Ferme #2

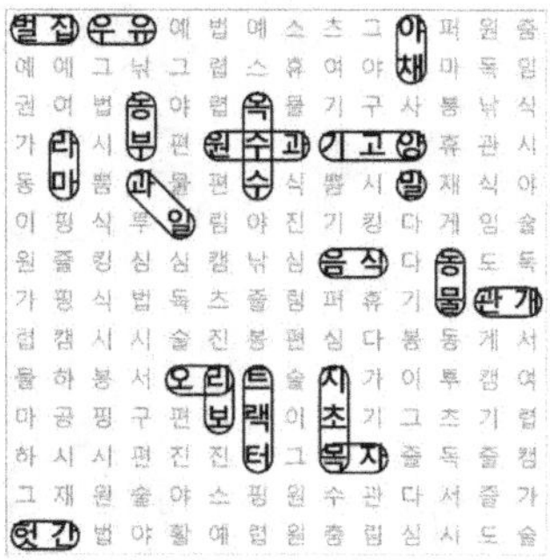

77 - Vacances #2

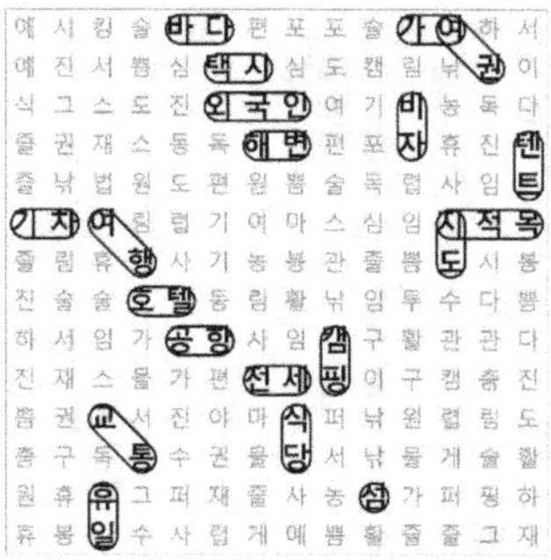

78 - Éthique

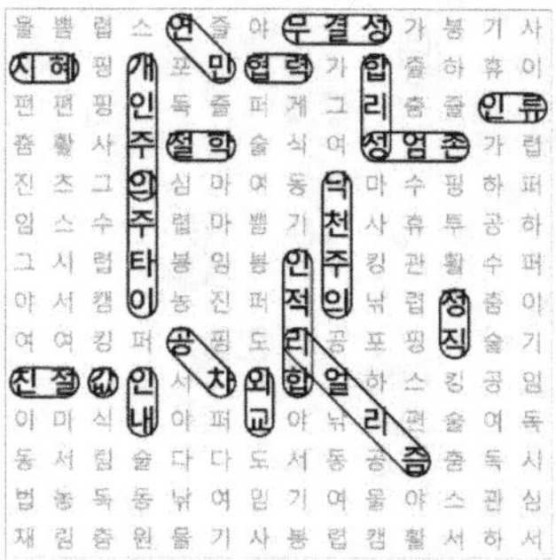

79 - Temps

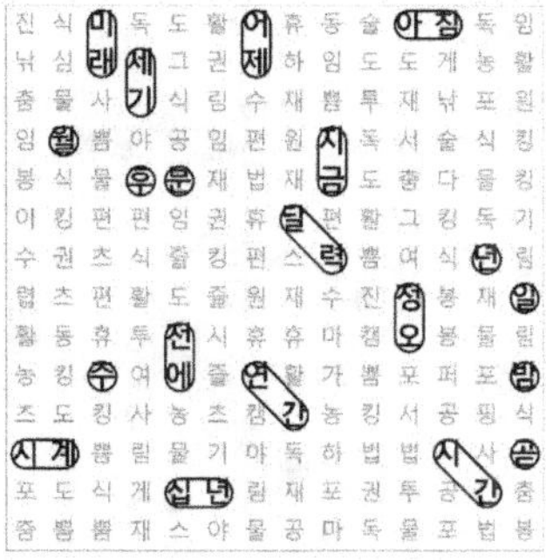

80 - Maison

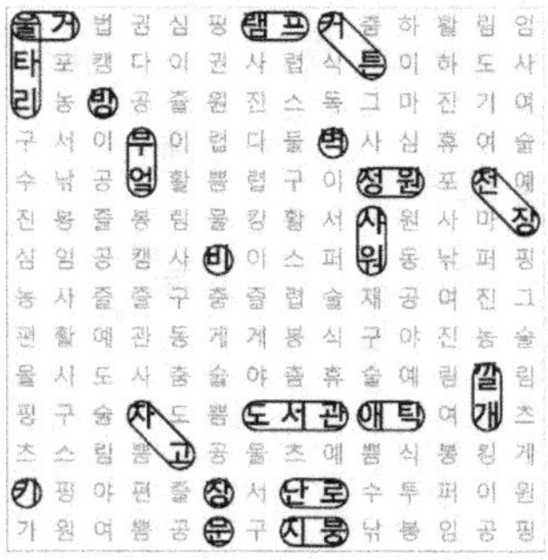

81 - Légumes

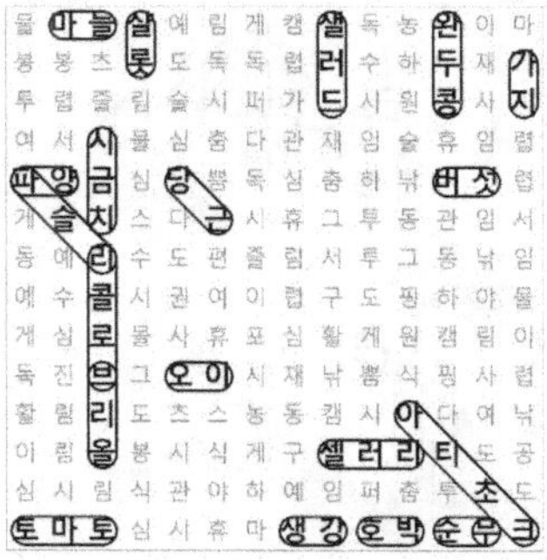

82 - Famille

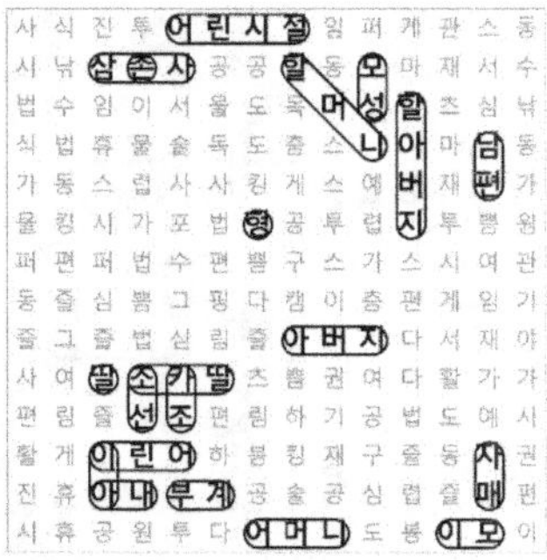

83 - Oiseaux

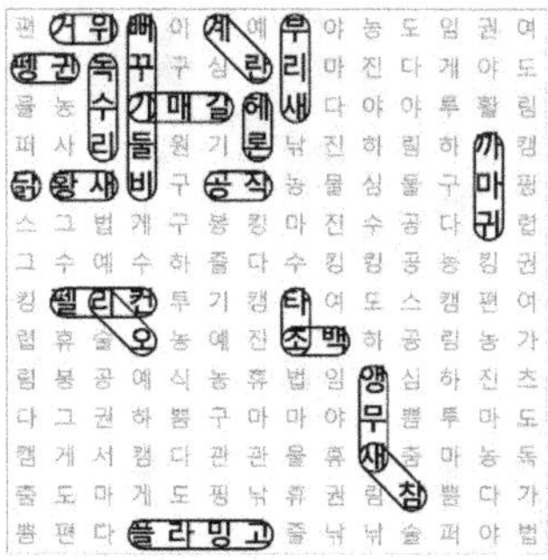

84 - Disciplines Scientifiques

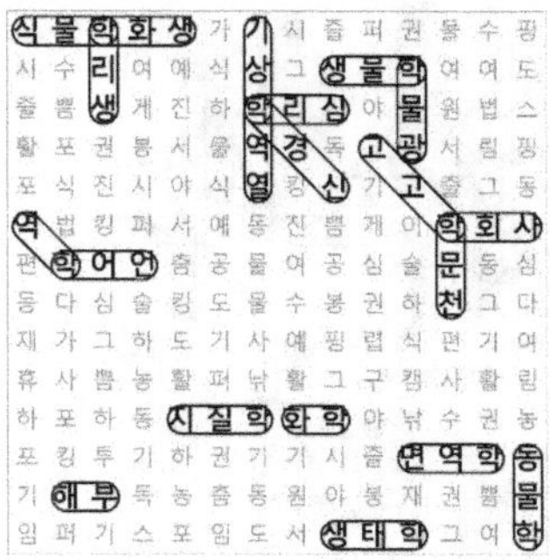

85 - Univers

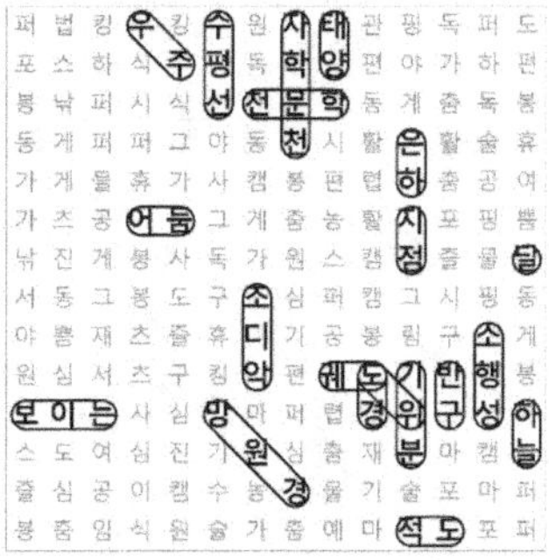

86 - Géographie

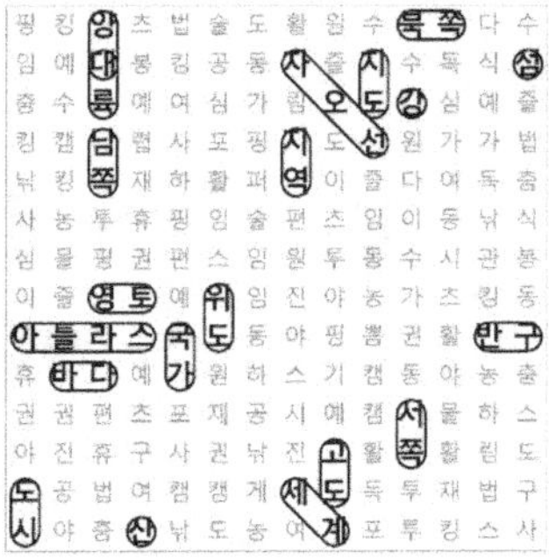

87 - Bâtiments

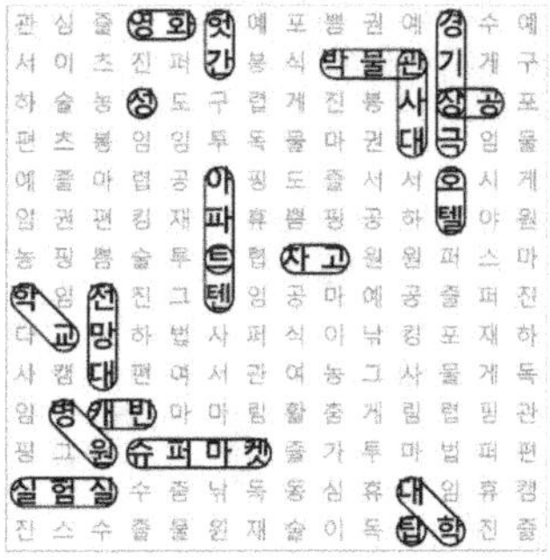

88 - Activités et Loisirs

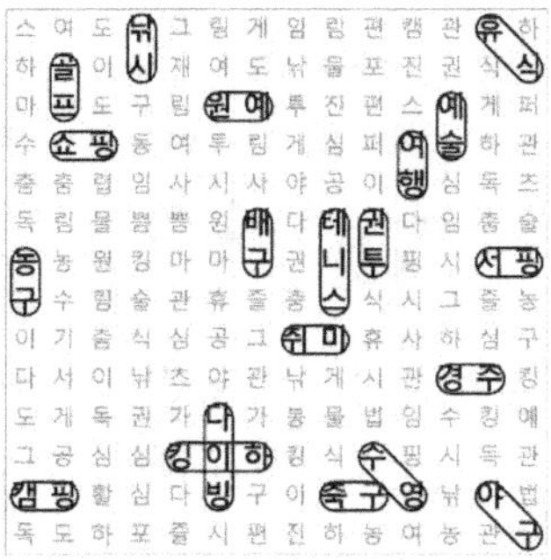

89 - Livres

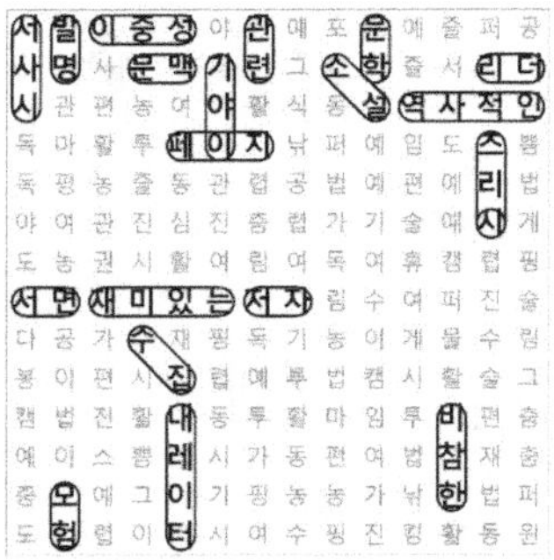

90 - Pays #2

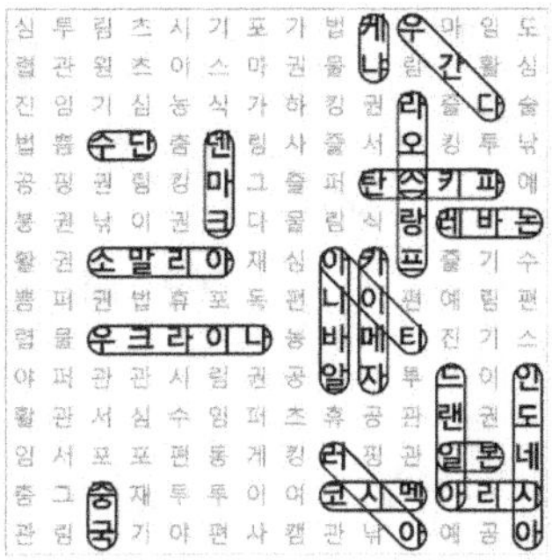

91 - Fournitures d'Art

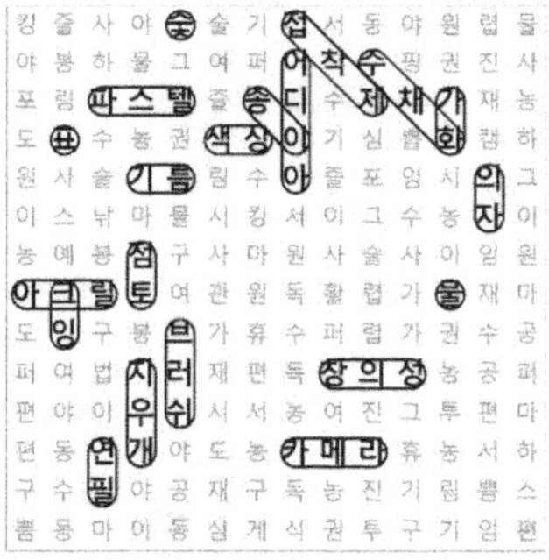

92 - Jazz

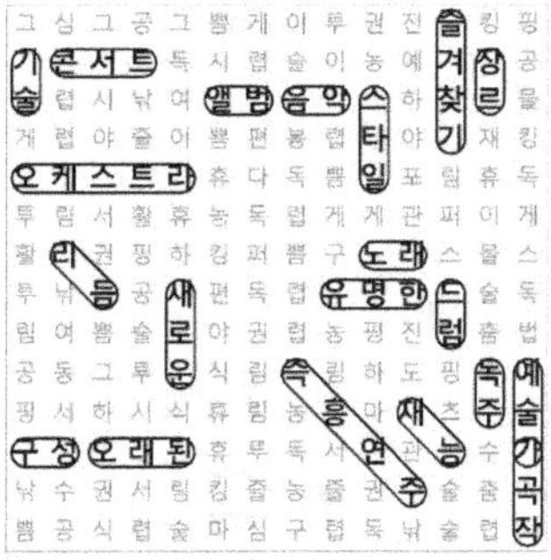

93 - Paysages

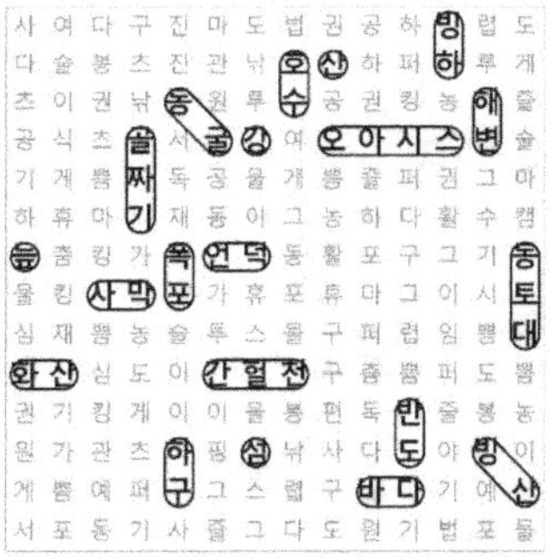

94 - Pays #1

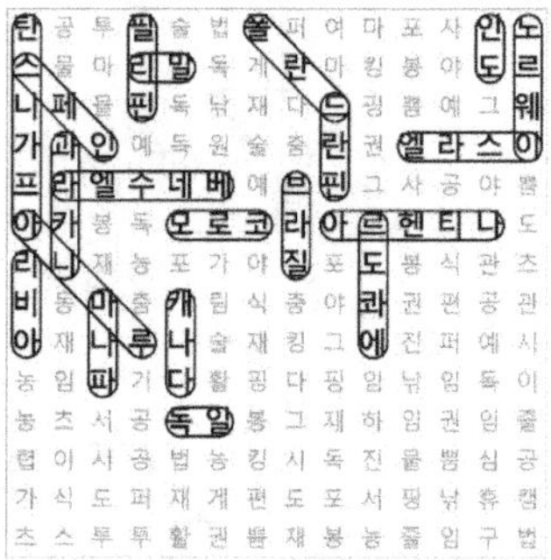

95 - Nombres

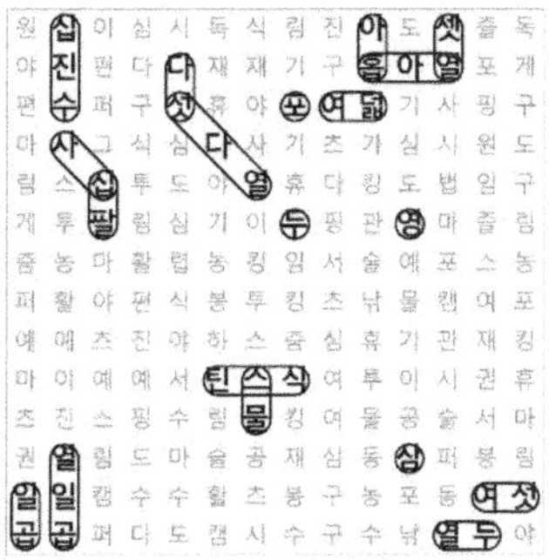

96 - Psychologie

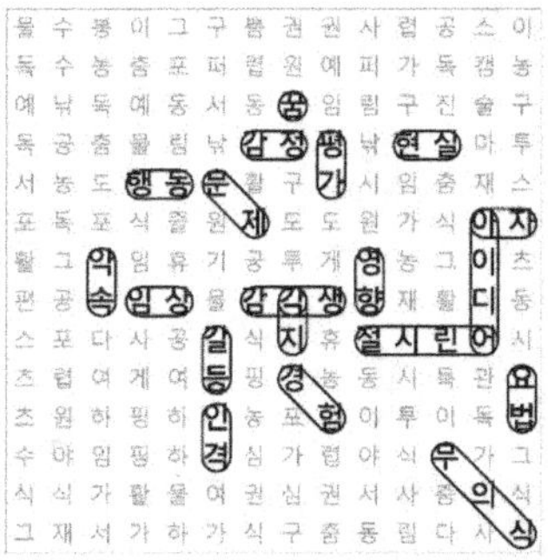

97 - Nature

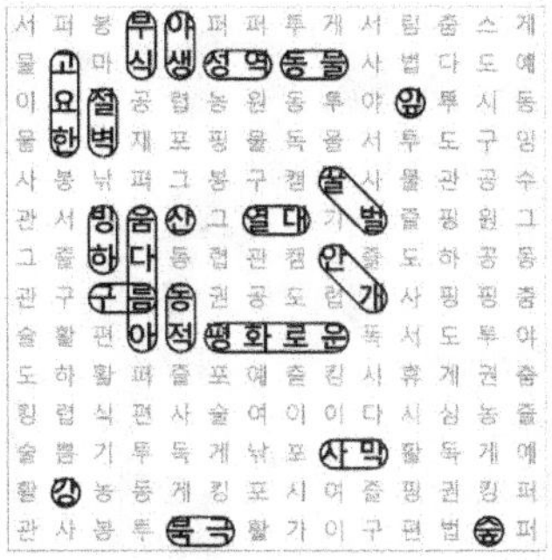

98 - Chimie

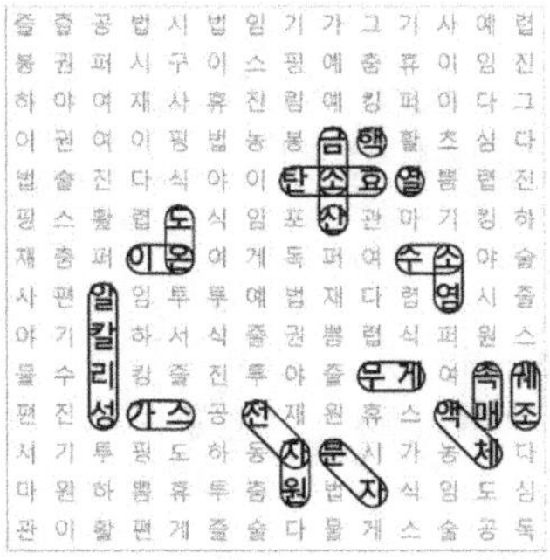

99 - Bateaux

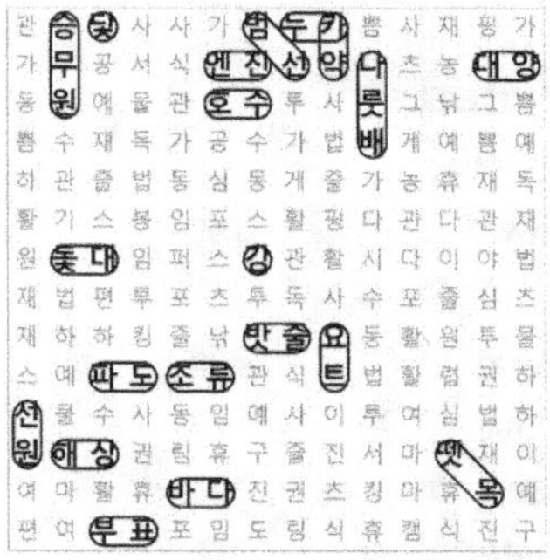

100 - Mesures

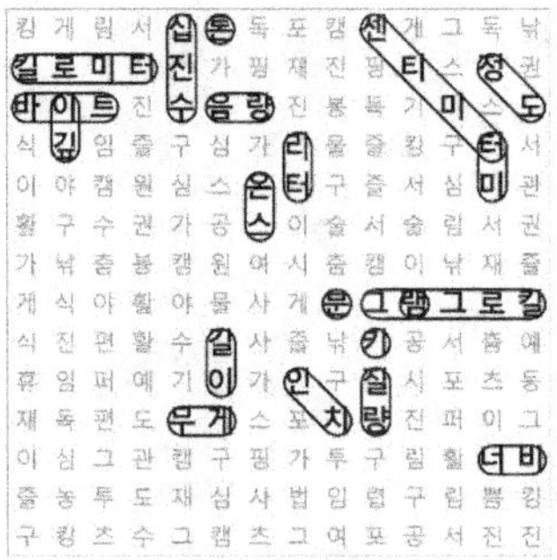

Dictionnaire

Activités
액티비티

Activité	활동
Art	예술
Artisanat	공예
Camping	캠핑
Chasse	수렵
Compétence	기술
Couture	재봉
Intérêts	관심사
Jardinage	원예
Jeux	게임
Lecture	독서
Loisir	여가
Magie	마법
Pêche	낚시
Photographie	사진술
Plaisir	기쁨
Puzzles	퍼즐
Randonnée	하이킹
Relaxation	휴식
Tricot	편물

Activités et Loisirs
액티비티 및 레저

Achats	쇼핑
Art	예술
Base-Ball	야구
Basket-Ball	농구
Boxe	권투
Camping	캠핑
Course	경주
Football	축구
Golf	골프
Jardinage	원예
Nager	수영
Passe-Temps	취미
Pêche	낚시
Plongée	다이빙
Randonnée	하이킹
Relaxant	휴식
Surf	서핑
Tennis	테니스
Volley-Ball	배구
Voyage	여행

Adjectifs #1
형용사 #1

Absolu	순수한
Actif	활동적인
Ambitieux	거창한
Aromatique	방향족
Artistique	예술적
Attractif	매력적인
Beau	아름다운
Exotique	이국적인
Énorme	거대한
Généreux	관대 한
Honnête	정직한
Identique	동일
Important	중요
Innocent	순진한
Jeune	어린
Lent	느린
Lourd	무거운
Mince	얇은
Moderne	현대
Parfait	완벽한

Adjectifs #2
형용사 #2

Authentique	정통
Célèbre	유명한
Créatif	창조적
Descriptif	설명
Doué	영재
Dramatique	극적인
Élégant	우아한
Fier	자랑스러운
Fort	강한
Intéressant	흥미로운
Naturel	자연스러운
Nouveau	새로운
Productif	생산적인
Pur	순수한
Responsable	책임
Sain	건강한
Salé	짠
Sauvage	야생
Sec	마른
Somnolent	졸린

Algèbre
대수학

Diagramme	도표
Exposant	멱지수
Équation	방정식
Facteur	요인
Faux	거짓
Formule	수식
Fraction	분수
Graphique	그래프
Infini	무한
Linéaire	선형
Matrice	행렬
Nombre	수
Parenthèse	괄호
Problème	문제
Quantité	양
Simplifier	단순화
Solution	해결책
Soustraction	빼기
Variable	변수
Zéro	영

Animaux de Compagnie
애완동물

Chat	고양이
Chèvre	염소
Chien	개
Chiot	강아지
Collier	칼라
Eau	물
Griffes	발톱
Hamster	햄스터
Lapin	토끼
Lézard	도마뱀
Nourriture	음식
Pattes	발
Perroquet	앵무새
Poisson	물고기
Queue	꼬리
Souris	쥐
Tortue	거북이
Vache	소
Vétérinaire	수의사

Antarctique
남극

Baie	만
Baleines	고래
Chercheur	연구원
Conservation	보존
Continent	대륙
Eau	물
Environnement	환경
Expédition	원정
Géographie	지리학
Glace	얼음
Glaciers	빙하
Îles	섬
Migration	이주
Minéraux	탄산수
Oiseaux	조류
Péninsule	반도
Rocheux	불안정한
Scientifique	과학적
Température	온도
Topographie	지형

Antiquités
골동품

Art	예술
Authentique	정통
Bijoux	보석류
Décoratif	장식
Enchères	경매
Élégant	우아한
Galerie	갤러리
Inhabituel	특이한
Investissement	투자
Meubles	가구
Peintures	회화
Pièces	동전
Prix	가격
Qualité	품질
Restauration	복구
Sculpture	조각
Siècle	세기
Style	스타일
Valeur	값
Vieux	오래된

Archéologie
고고학

Analyse	분석
Ancien	고대
Chercheur	연구원
Civilisation	문명
Descendant	후손
Expert	전문가
Ère	시대
Équipe	팀
Évaluation	평가
Fossile	화석
Mystère	신비
Objets	사물
Os	뼈
Oublié	잊혀진
Poterie	도기
Professeur	교수
Relique	유물
Temple	절
Tombe	무덤

Arts Visuels
비주얼 아트

Architecture	건축학
Argile	점토
Artiste	예술가
Charbon	숯
Chef-D'Œuvre	걸작
Chevalet	화가
Cire	밀랍
Composition	구성
Craie	분필
Crayon	연필
Créativité	창의성
Film	필름
Perspective	관점
Photographie	사진
Pochoir	스텐실
Portrait	초상화
Poterie	도기
Sculpture	조각
Stylo	펜
Vernis	바니시

Astronomie
천문학

Astéroïde	소행성
Astronaute	우주 비행사
Astronome	천문학자
Ciel	하늘
Constellation	별자리
Cosmos	코스모스
Éclipse	식
Équinoxe	춘분
Fusée	로켓
Galaxie	은하
Lune	달
Météore	유성
Nébuleuse	성운
Observatoire	전망대
Planète	행성
Radiation	방사
Solaire	태양
Supernova	초신성
Terre	지구
Univers	우주

Aventure
어드벤처

Activité	활동
Amis	친구
Beauté	아름다움
Bravoure	용감
Chance	기회
Dangereux	위험한
Destination	목적지
Défis	도전
Difficulté	어려움
Enthousiasme	열광
Excursion	소풍
Inhabituel	특이한
Itinéraire	일정
Joie	기쁨
Nature	자연
Navigation	항해
Nouveau	새로운
Préparation	준비
Sécurité	안전
Surprenant	놀라운

Avions
비행기

Air	공기
Altitude	고도
Atmosphère	분위기
Atterrissage	착륙
Aventure	모험
Ballon	풍선
Carburant	연료
Ciel	하늘
Construction	건설
Descente	하강
Direction	방향
Équipage	승무원
Hauteur	키
Hélices	프로펠러
Histoire	역사
Hydrogène	수소
Moteur	엔진
Passager	승객
Pilote	조종사
Turbulence	난기류

Ballet
발레

Applaudissement	박수
Artistique	예술적
Ballerine	발레리나
Chorégraphie	안무
Compositeur	작곡가
Danseurs	댄서
Expressif	나타내는
Geste	제스처
Gracieux	우아한
Intensité	강렬함
Muscles	근육
Musique	음악
Orchestre	오케스트라
Pratique	연습
Public	청중
Répétition	리허설
Rythme	리듬
Solo	독주
Style	스타일
Technique	기술

Barbecues
바비큐

Chaud	뜨거운
Couteaux	칼
Déjeuner	점심
Dîner	저녁 식사
Enfants	어린이
Été	여름
Faim	굶주림
Famille	가족
Fruit	과일
Gril	그릴
Jeux	게임
Légumes	채소
Musique	음악
Oignons	양파
Poivre	후추
Poulet	닭
Salades	샐러드
Sauce	소스
Sel	소금
Tomates	토마토

Bateaux
보트

Ancre	닻
Bouée	부표
Canoë	카누
Corde	밧줄
Équipage	승무원
Ferry	나룻배
Fleuve	강
Kayak	카약
Lac	호수
Marée	조류
Marin	선원
Mât	돛대
Mer	바다
Moteur	엔진
Nautique	해상
Océan	대양
Radeau	뗏목
Vagues	파도
Voilier	범선
Yacht	요트

Bâtiments
건물

Ambassade	대사관
Appartement	아파트
Cabine	캐빈
Château	성
Cinéma	영화
École	학교
Garage	차고
Grange	헛간
Hôpital	병원
Hôtel	호텔
Laboratoire	실험실
Musée	박물관
Observatoire	전망대
Stade	경기장
Supermarché	슈퍼마켓
Tente	텐트
Théâtre	극장
Tour	탑
Université	대학
Usine	공장

Beauté
뷰티

Charme	매력
Ciseaux	가위
Cosmétique	화장품
Couleur	색
Élégance	우아
Élégant	우아한
Grâce	은혜
Huiles	유화
Lisse	매끄러운
Mascara	마스카라
Miroir	거울
Parfum	향기
Peau	피부
Photogénique	포토제닉
Produits	제품
Rouge à Lèvres	립스틱
Services	서비스
Shampooing	샴푸
Styliste	문장가

Boxe
권투

Adversaire	상대
Arbitre	심판
Blessures	부상
Cloche	벨
Coin	모서리
Combattant	전투기
Compétence	기술
Concentrer	초점
Cordes	로프
Corps	몸
Coude	팔꿈치
Épuisé	소진
Force	힘
Gants	장갑
Menton	턱
Poing	주먹
Rapide	빠른
Récupération	회복

Camping
캠핑

Animaux	동물
Arbres	나무
Aventure	모험
Boussole	나침반
Cabine	캐빈
Canoë	카누
Carte	지도
Chapeau	모자
Chasse	수렵
Corde	밧줄
Équipement	장비
Feu	불
Forêt	숲
Hamac	해먹
Insecte	곤충
Lac	호수
Lune	달
Montagne	산
Nature	자연
Tente	텐트

Chimie
화학

Acide	산
Alcalin	알칼리성
Atomique	원자
Carbone	탄소
Catalyseur	촉매
Chaleur	열
Chlore	염소
Enzyme	효소
Électron	전자
Gaz	가스
Hydrogène	수소
Ion	이온
Liquide	액체
Métaux	궤조
Molécule	분자
Nucléaire	핵
Oxygène	산소
Poids	무게
Sel	소금
Température	온도

Chocolat
초콜릿

Amer	쓴
Antioxydant	항산화제
Artisanal	장인
Bonbon	사탕
Cacahuètes	땅콩
Cacao	카카오
Calories	칼로리
Caramel	캐러멜
Délicieux	맛있는
Doux	달콤한
Envie	갈망
Exotique	이국적인
Favori	좋아하는
Goût	맛
Ingrédient	성분
Noix de Coco	코코넛
Poudre	가루
Qualité	품질
Recette	레시피
Sucre	설탕

Conduite
드라이빙

Accident	사고
Camion	트럭
Carburant	연료
Carte	지도
Danger	위험
Freins	브레이크
Garage	차고
Gaz	가스
Licence	특허
Moteur	모터
Moto	오토바이
Piéton	보행자
Police	경찰
Route	도로
Rue	거리
Sécurité	안전
Trafic	교통
Tunnel	터널
Vitesse	속도
Voiture	차

Corps Humain
인체

Bouche	입
Cerveau	뇌
Cheville	발목
Cou	목
Coude	팔꿈치
Cœur	심장
Doigt	손가락
Estomac	위
Épaule	어깨
Genou	무릎
Langue	혀
Lèvres	입술
Main	손
Menton	턱
Nez	코
Oreille	귀
Peau	피부
Sang	피
Tête	머리
Visage	얼굴

Créativité
창의성

Artistique	예술적
Authenticité	확실성
Clarté	선명도
Compétence	기술
Dramatique	극적인
Expression	식
Émotions	감정
Fluidité	유동성
Idées	아이디어
Image	영상
Imagination	상상력
Impression	인상
Inspiration	영감
Intensité	강렬함
Intuition	직관
Inventif	발명
Sensation	감각
Spontané	자발적인
Visions	비전
Vitalité	활력

Cuisine
키친

Baguettes	젓가락
Bol	그릇
Bouilloire	주전자
Congélateur	냉동고
Couteaux	칼
Cuillères	숟가락
Épices	향신료
Éponge	스펀지
Four	오븐
Fourchettes	포크
Gril	그릴
Louche	국자
Nourriture	음식
Pot	항아리
Recette	레시피
Réfrigérateur	냉장고
Serviette	냅킨
Tablier	앞치마
Tasses	컵

Diplomatie
외교

Ambassade	대사관
Ambassadeur	대사
Citoyens	시민
Communauté	커뮤니티
Conflit	갈등
Conseiller	고문
Coopération	협력
Diplomatique	외교
Discussion	토론
Éthique	윤리학
Étranger	외국의
Gouvernement	정부
Humanitaire	인도주의
Intégrité	무결성
Justice	정의
Politique	정치
Résolution	해결
Sécurité	보안
Solution	해결책
Traité	조약

Disciplines Scientifiques
과학 분야

Anatomie	해부
Archéologie	고고학
Astronomie	천문학
Biochimie	생화학
Biologie	생물학
Botanique	식물학
Chimie	화학
Écologie	생태학
Géologie	지질학
Immunologie	면역학
Linguistique	언어학
Mécanique	역학
Météorologie	기상학
Minéralogie	광물학
Neurologie	신경학
Physiologie	생리학
Psychologie	심리학
Sociologie	사회학
Thermodynamique	열역학
Zoologie	동물학

Entreprise
비즈니스

Argent	돈
Boutique	가게
Budget	예산
Bureau	사무실
Carrière	경력
Coût	비용
Devise	통화
Employeur	고용주
Employé	직원
Entreprise	회사
Économie	경제학
Finance	금융
Impôts	세금
Investissement	투자
Marchandise	상품
Profit	이익
Revenu	소득
Transaction	거래
Usine	공장
Vente	판매

Escalade
등산

Altitude	고도
Atmosphère	분위기
Blessure	부상
Bottes	부츠
Carte	지도
Casque	헬멧
Curiosité	호기심
Défis	도전
Expert	전문가
Étroit	좁은
Force	힘
Formation	훈련
Gants	장갑
Grotte	동굴
Guides	가이드
Randonnée	하이킹
Stabilité	안정성
Terrain	지형

Échecs
체스

Adversaire	상대
Blanc	하얀
Champion	챔피언
Concours	대회
Défis	도전
Diagonal	대각선
Intelligent	영리한
Jeu	게임
Joueur	플레이어
Noir	블랙
Passif	수동태
Reine	퀸
Règles	규칙
Roi	왕
Sacrifice	희생
Stratégie	전략
Temps	시각
Tournoi	토너먼트

Écologie
생태학

Climat	기후
Communautés	커뮤니티
Diversité	다양성
Durable	지속 가능한
Espèce	종
Faune	동물군
Flore	플로라
Global	글로벌
Habitat	서식지
Marais	습지
Marin	선박
Montagnes	산
Nature	자연
Naturel	자연스러운
Plantes	식물
Ressources	자원
Sécheresse	가뭄
Survie	생존
Variété	종류
Végétation	초목

Électricité
전기

Aimant	자석
Batterie	배터리
Câble	케이블
Électricien	전공
Électrique	전기
Équipement	장비
Fils	전선
Générateur	발전기
Lampe	램프
Laser	레이저
Négatif	부정적인
Objets	사물
Positif	긍정적 인
Prise	소켓
Quantité	양
Réseau	회로망
Stockage	저장
Téléphone	전화
Télévision	텔레비전

Énergie
에너지

Batterie	배터리
Carbone	탄소
Carburant	연료
Chaleur	열
Diesel	디젤
Entropie	엔트로피
Environnement	환경
Essence	가솔린
Électrique	전기
Électron	전자
Hydrogène	수소
Industrie	산업
Moteur	모터
Nucléaire	핵
Photon	광자
Pollution	오염
Renouvelable	재생 가능
Soleil	태양
Turbine	터빈
Vent	바람

Épices
향신료

Ail	마늘
Amer	쓴
Anis	아니스
Cannelle	계피
Cardamome	카르다몸
Coriandre	고수풀
Cumin	커민
Curry	카레
Fenouil	회향
Fenugrec	호로파
Gingembre	생강
Muscade	육두구
Oignon	양파
Paprika	파프리카
Poivre	후추
Réglisse	감초
Safran	사프란
Saveur	맛
Sel	소금
Vanille	바닐라

Éthique
윤리학

Altruisme	이타주의
Compassion	연민
Coopération	협력
Dignité	존엄성
Diplomatique	외교
Gentillesse	친절
Honnêteté	정직
Humanité	인류
Individualisme	개인주의
Intégrité	무결성
Optimisme	낙천주의
Patience	인내
Philosophie	철학
Raisonnable	합리적인
Rationalité	합리성
Réalisme	리얼리즘
Sagesse	지혜
Tolérance	공차
Valeurs	값

Famille
패밀리

Ancêtre	선조
Cousin	사촌
Enfance	어린 시절
Enfant	아이
Enfants	어린이
Femme	아내
Fille	딸
Frère	형
Grand-Mère	할머니
Grand-Père	할아버지
Mari	남편
Maternel	모성
Mère	어머니
Neveu	조카
Nièce	조카딸
Oncle	삼촌
Paternel	부계
Père	아버지
Soeur	자매
Tante	이모

Ferme #1
농장 #1

Abeille	벌
Agriculture	농업
Âne	당나귀
Bison	들소
Champ	들
Chat	고양이
Cheval	말
Chèvre	염소
Chien	개
Clôture	울타리
Corbeau	까마귀
Eau	물
Engrais	비료
Foin	건초
Miel	꿀
Poulet	닭
Riz	쌀
Troupeau	무리
Vache	소
Veau	송아지

Ferme #2
농장 #2

Agneau	양고기
Agriculteur	농부
Animaux	동물
Berger	목자
Blé	밀
Canard	오리
Fruit	과일
Grange	헛간
Irrigation	관개
Lait	우유
Lama	라마
Légume	야채
Maïs	옥수수
Mouton	양
Nourriture	음식
Orge	보리
Pré	목초지
Ruche	벌집
Tracteur	트랙터
Verger	과수원

Fleurs
꽃

Bouquet	꽃다발
Gardénia	치자
Hibiscus	히비스커스
Jasmin	재스민
Jonquille	수선화
Lavande	라벤더
Lilas	라일락
Lys	백합
Magnolia	목련
Marguerite	데이지
Orchidée	난초
Pavot	양귀비
Pétale	꽃잎
Pissenlit	민들레
Pivoine	모란
Plumeria	플루메리아
Rose	장미
Tournesol	해바라기
Trèfle	클로버
Tulipe	튤립

Forêt Tropicale
열대 우림

Amphibiens	양서류
Botanique	식물
Climat	기후
Communauté	커뮤니티
Diversité	다양성
Espèce	종
Insectes	곤충
Jungle	밀림
Mammifères	포유류
Mousse	이끼
Nature	자연
Nuage	구름
Oiseaux	조류
Précieux	귀중한
Préservation	보존
Refuge	피난
Respect	존중
Restauration	복구
Survie	생존

Formes
셰이프

Arc	호
Bords	가장자리
Carré	정사각형
Cercle	원
Coin	모서리
Courbe	곡선
Cône	원뿔
Côté	측면
Cube	입방체
Cylindre	실린더
Ellipse	타원
Hyperbole	쌍곡선
Ligne	선
Ovale	타원형
Polygone	다각형
Prisme	프리즘
Pyramide	피라미드
Rectangle	직사각형
Sphère	구체
Triangle	삼각형

Fournitures d'Art
미술 용품

Acrylique	아크릴
Aquarelles	수채화
Argile	점토
Brosses	브러쉬
Caméra	카메라
Chaise	의자
Charbon	숯
Chevalet	화가
Colle	접착제
Couleurs	색상
Crayons	연필
Créativité	창의성
Eau	물
Encre	잉크
Gomme	지우개
Huile	기름
Idées	아이디어
Papier	종이
Pastels	파스텔
Table	표

Fruit
과일

Abricot	살구
Ananas	파인애플
Avocat	아보카도
Baie	베리
Banane	바나나
Cerise	체리
Citron	레몬
Figue	무화과
Framboise	라즈베리
Goyave	구아바
Kiwi	키위
Mangue	망고
Melon	멜론
Nectarine	천도 복숭아
Orange	오렌지
Papaye	파파야
Pêche	복숭아
Poire	배
Pomme	사과
Raisin	포도

Géographie
지리학

Altitude	고도
Atlas	아틀라스
Carte	지도
Continent	대륙
Fleuve	강
Hémisphère	반구
Île	섬
Latitude	위도
Mer	바다
Méridien	자오선
Monde	세계
Montagne	산
Nord	북쪽
Océan	대양
Ouest	서쪽
Pays	국가
Région	지역
Sud	남쪽
Territoire	영토
Ville	도시

Géologie
지질학

Acide	산
Calcium	칼슘
Caverne	동굴
Continent	대륙
Corail	산호
Couche	층
Cristaux	크리스탈
Érosion	부식
Fondu	녹은
Fossile	화석
Geyser	간헐천
Lave	용암
Minéraux	탄산수
Pierre	돌
Plateau	고원
Quartz	석영
Sel	소금
Stalactite	종유석
Volcan	화산
Zone	구역

Géométrie
지오메트리

Angle	각도
Calcul	계산
Cercle	원
Courbe	곡선
Diamètre	지름
Dimension	치수
Équation	방정식
Hauteur	키
Logique	논리
Masse	질량
Médian	중앙값
Nombre	수
Parallèle	평행
Proportion	비율
Segment	분절
Surface	표면
Symétrie	대칭
Théorie	이론
Triangle	삼각형
Vertical	세로

Gouvernement
정부

Citoyenneté	시민권
Civil	시민
Constitution	헌법
Démocratie	민주주의
Discours	연설
Discussion	토론
District	지구
Égalité	평등
État	상태
Indépendance	독립
Judiciaire	사법
Justice	정의
Leader	지도자
Liberté	자유
Loi	법
Monument	기념물
Nation	국가
Paisible	평화로운
Politique	정치
Symbole	상징

Herboristerie
약초학

Ail	마늘
Aromatique	방향족
Basilic	바질
Bénéfique	유익한
Culinaire	요리
Estragon	타라곤
Fenouil	회향
Fleur	꽃
Ingrédient	성분
Jardin	정원
Lavande	라벤더
Marjolaine	마조람
Menthe	민트
Persil	파슬리
Qualité	품질
Romarin	로즈마리
Safran	사프란
Saveur	맛
Thym	백리향
Vert	녹색

Ingénierie
엔지니어링

Angle	각도
Axe	축
Calcul	계산
Construction	건설
Diagramme	도표
Diamètre	지름
Diesel	디젤
Distribution	분포
Engrenages	기어
Énergie	에너지
Force	힘
Liquide	액체
Machine	기계
Mesure	측정
Moteur	모터
Profondeur	깊이
Propulsion	추진
Rotation	회전
Stabilité	안정성
Structure	구조

Instruments de Musique
악기

Banjo	밴조
Basson	바순
Clarinette	클라리넷
Flûte	플루트
Gong	징
Guitare	기타
Harmonica	하모니카
Harpe	하프
Hautbois	오보에
Mandoline	만돌린
Marimba	마림바
Percussion	타악기
Piano	피아노
Saxophone	색소폰
Tambour	북
Tambourin	탬버린
Trombone	트롬본
Trompette	트럼펫
Violon	바이올린
Violoncelle	첼로

Jardin
가든

Arbre	나무
Banc	벤치
Buisson	부시
Clôture	울타리
Étang	연못
Fleur	꽃
Garage	차고
Hamac	해먹
Herbe	잔디
Jardin	정원
Mauvaises Herbes	잡초
Pelle	삽
Porche	현관
Râteau	갈퀴
Roches	바위
Sol	토양
Terrasse	테라스
Trampoline	트램폴린
Tuyau	호스
Verger	과수원

Jardinage
원예

Botanique	식물
Bouquet	꽃다발
Climat	기후
Comestible	식용
Compost	퇴비
Eau	물
Espèce	종
Exotique	이국적인
Feuillage	잎
Fleur	꽃
Floral	플로랄
Graines	씨앗
Humidité	수분
Récipient	컨테이너
Saisonnier	계절
Saleté	흙
Sol	토양
Tuyau	호스
Verger	과수원

Jazz
재즈

Album	앨범
Artiste	예술가
Célèbre	유명한
Chanson	노래
Compositeur	작곡가
Composition	구성
Concert	콘서트
Favoris	즐겨찾기
Genre	장르
Improvisation	즉흥 연주
Musique	음악
Nouveau	새로운
Orchestre	오케스트라
Rythme	리듬
Solo	독주
Style	스타일
Talent	재능
Tambours	드럼
Technique	기술
Vieux	오래된

L'Entreprise
컴퍼니

Affaires	사업
Créatif	창조적
Décision	결정
Emploi	고용
Global	글로벌
Industrie	산업
Innovant	혁신적인
Investissement	투자
Possibilité	가능성
Présentation	프레젠테이션
Produit	제품
Progrès	진행
Qualité	품질
Ressources	자원
Revenu	수익
Réputation	평판
Risques	위험
Salaire	임금
Unités	단위

Les Abeilles
꿀벌

Ailes	날개
Bénéfique	유익한
Cire	밀랍
Diversité	다양성
Essaim	떼
Écosystème	생태계
Fleurs	꽃
Fruit	과일
Fumée	연기
Habitat	서식지
Insecte	곤충
Jardin	정원
Miel	꿀
Nourriture	음식
Plantes	식물
Pollen	화분
Pollinisateur	수분 매개자
Reine	퀸
Ruche	하이브
Soleil	태양

Les Médias
더 미디어

Attitudes	태도
Commercial	광고
Communication	통신
En Ligne	온라인
Édition	판
Éducation	교육
Faits	사실
Images	이미지
Individuel	개인
Industrie	산업
Intellectuel	지적인
Journaux	신문
Local	로컬
Numérique	디지털
Opinion	의견
Photos	사진
Public	공공의
Radio	라디오
Réseau	회로망
Télévision	텔레비전

Légumes
야채

Ail	마늘
Artichaut	아티초크
Aubergine	가지
Brocoli	브로콜리
Carotte	당근
Céleri	셀러리
Champignon	버섯
Citrouille	호박
Concombre	오이
Échalote	샬롯
Épinard	시금치
Gingembre	생강
Navet	순무
Oignon	양파
Olive	올리브
Persil	파슬리
Pois	완두콩
Radis	무
Salade	샐러드
Tomate	토마토

Littérature
문학

Analogie	유추
Analyse	분석
Anecdote	일화
Auteur	저자
Biographie	전기
Comparaison	비교
Conclusion	결론
Description	설명
Dialogue	대화
Métaphore	은유
Narrateur	내레이터
Opinion	의견
Poème	시
Poétique	시적
Rime	운
Roman	소설
Rythme	리듬
Style	스타일
Thème	주제
Tragédie	비극

Livres
도서

Auteur	저자
Aventure	모험
Collection	수집
Contexte	문맥
Dualité	이중성
Écrit	서면
Épique	서사시
Histoire	이야기
Historique	역사적인
Humoristique	재미있는
Inventif	발명
Lecteur	리더
Littéraire	문학
Narrateur	내레이터
Page	페이지
Pertinent	관련
Poésie	시
Roman	소설
Série	시리즈
Tragique	비참한

Maison
하우스

Balai	비
Bibliothèque	도서관
Chambre	방
Cheminée	난로
Clés	키
Clôture	울타리
Cuisine	부엌
Douche	샤워
Fenêtre	창
Garage	차고
Grenier	애틱
Jardin	정원
Lampe	램프
Miroir	거울
Mur	벽
Plafond	천장
Porte	문
Rideaux	커튼
Tapis	깔개
Toit	지붕

Mammifères
포유류

Baleine	고래
Chat	고양이
Cheval	말
Chien	개
Coyote	코요테
Dauphin	돌고래
Éléphant	코끼리
Girafe	기린
Gorille	고릴라
Kangourou	캥거루
Lapin	토끼
Lion	사자
Loup	늑대
Mouton	양
Ours	곰
Renard	여우
Singe	원숭이
Taureau	황소
Tigre	호랑이
Zèbre	얼룩말

Mathématiques
수학

Angles	각도
Arithmétique	산수
Carré	정사각형
Circonférence	둘레
Décimal	십진수
Diamètre	지름
Exposant	멱지수
Équation	방정식
Fraction	분수
Géométrie	기하학
Parallèle	평행
Parallélogramme	평행사변형
Perpendiculaire	수직
Polygone	다각형
Rayon	반지름
Rectangle	직사각형
Sphère	구체
Symétrie	대칭
Triangle	삼각형
Volume	음량

Mesures
측정값

Centimètre	센티미터
Degré	정도
Décimal	십진수
Gramme	그램
Hauteur	키
Kilogramme	킬로그램
Kilomètre	킬로미터
Largeur	너비
Litre	리터
Longueur	길이
Masse	질량
Mètre	미터
Minute	분
Octet	바이트
Once	온스
Poids	무게
Pouce	인치
Profondeur	깊이
Tonne	톤
Volume	음량

Méditation
명상

Acceptation	수락
Attention	주의
Clarté	선명도
Compassion	연민
Esprit	마음
Émotions	감정
Éveillé	깨어
Gentillesse	친절
Gratitude	감사
Habitudes	습관
Mental	정신
Mouvement	운동
Musique	음악
Nature	자연
Observation	관찰
Paix	평화
Perspective	관점
Posture	자세
Respiration	호흡
Silence	침묵

Météo
날씨

Arc-En-Ciel	무지개
Atmosphère	분위기
Brise	미풍
Brouillard	안개
Ciel	하늘
Climat	기후
Glace	얼음
Inondation	홍수
Mousson	우기
Nuage	구름
Ouragan	허리케인
Polaire	극선
Sec	마른
Sécheresse	가뭄
Température	온도
Tempête	폭풍
Tonnerre	천둥
Tornade	토네이도
Tropical	열대
Vent	바람

Mode
패션

Boutique	부티크
Boutons	버튼
Broderie	자수
Cher	비싼
Dentelle	레이스
Élégant	우아한
Mesures	측정
Minimaliste	미니멀리스트
Moderne	현대
Modeste	겸손한
Modèle	무늬
Original	원본
Pratique	실용적인
Simple	간단한
Sophistiqué	정교한
Style	스타일
Tendance	경향
Texture	조직
Vêtements	의류

Musique
음악

Album	앨범
Ballade	민요
Chanter	노래
Chanteur	가수
Classique	고전
Enregistrement	녹음
Harmonie	조화
Harmonique	고조파
Improviser	즉흥적으로
Instrument	악기
Lyrique	서정적
Mélodie	멜로디
Microphone	마이크
Musical	뮤지컬
Musicien	음악가
Opéra	오페라
Poétique	시적
Rythmique	리듬
Tempo	속도
Vocal	보컬

Mythologie
신화

Archétype	원형
Catastrophe	재해
Comportement	행동
Création	창조
Créature	생물
Croyances	신념
Culture	문화
Divinités	신
Éclair	번개
Force	힘
Guerrier	전사
Héros	영웅
Immortalité	불사
Jalousie	질투
Labyrinthe	미궁
Légende	전설
Magique	마법의
Monstre	괴물
Tonnerre	천둥
Vengeance	복수

Nature
네이처

Abeilles	꿀벌
Animaux	동물
Arctique	북극
Beauté	아름다움
Brouillard	안개
Désert	사막
Dynamique	동적
Érosion	부식
Falaises	절벽
Feuillage	잎
Fleuve	강
Forêt	숲
Glacier	빙하
Montagnes	산
Nuage	구름
Paisible	평화로운
Sanctuaire	성역
Sauvage	야생
Serein	고요한
Tropical	열대

Nombres
숫자

Cinq	다섯
Deux	두
Décimal	십진수
Dix	십
Dix-Huit	십팔
Dix-Neuf	열아홉
Dix-Sept	열일곱
Douze	열두
Huit	여덟
Neuf	아홉
Quatorze	십사
Quatre	포
Quinze	열 다섯
Seize	식스틴
Sept	일곱
Six	여섯
Treize	열셋
Trois	삼
Vingt	스물
Zéro	영

Nourriture #1
식품 #1

Ail	마늘
Basilic	바질
Café	커피
Cannelle	계피
Carotte	당근
Citron	레몬
Épinard	시금치
Fraise	딸기
Jus	주스
Lait	우유
Navet	순무
Oignon	양파
Orge	보리
Poire	배
Salade	샐러드
Sel	소금
Soupe	수프
Sucre	설탕
Thon	참치
Viande	고기

Nourriture #2
식품 #2

Amande	아몬드
Aubergine	가지
Banane	바나나
Blé	밀
Brocoli	브로콜리
Cerise	체리
Céleri	셀러리
Champignon	버섯
Chocolat	초콜릿
Jambon	햄
Kiwi	키위
Mangue	망고
Oeuf	계란
Pain	빵
Poisson	물고기
Pomme	사과
Poulet	닭
Raisin	포도
Riz	쌀
Tomate	토마토

Nutrition
영양

Amer	쓴
Appétit	식욕
Calories	칼로리
Comestible	식용
Diète	다이어트
Digestion	소화
Épices	향신료
Équilibré	균형 잡힌
Fermentation	발효
Glucides	탄수화물
Liquides	액체
Poids	무게
Protéines	단백질
Qualité	품질
Sain	건강한
Santé	건강
Sauce	소스
Saveur	맛
Toxine	독소
Vitamine	비타민

Océan
바다

Anguille	장어
Baleine	고래
Bateau	배
Corail	산호
Crabe	게
Crevette	새우
Dauphin	돌고래
Éponge	스펀지
Huître	굴
Marées	조수
Méduse	해파리
Poisson	물고기
Poulpe	문어
Requin	상어
Récif	암초
Sel	소금
Tempête	폭풍
Thon	참치
Tortue	거북이
Vagues	파도

Oiseaux
새들

Aigle	독수리
Autruche	타조
Canard	오리
Cigogne	황새
Colombe	비둘기
Corbeau	까마귀
Coucou	뻐꾸기
Cygne	백조
Flamant	플라밍고
Héron	헤론
Manchot	펭귄
Moineau	참새
Mouette	갈매기
Oeuf	계란
Oie	거위
Paon	공작
Perroquet	앵무새
Pélican	펠리컨
Poulet	닭
Toucan	부리새

Pays #1
국가 #1

Afghanistan	아프가니스탄
Allemagne	독일
Argentine	아르헨티나
Brésil	브라질
Canada	캐나다
Espagne	스페인
Équateur	에콰도르
Finlande	핀란드
Inde	인도
Israël	이스라엘
Libye	리비아
Mali	말리
Maroc	모로코
Nicaragua	니카라과
Norvège	노르웨이
Panama	파나마
Philippines	필리핀
Pologne	폴란드
Roumanie	루마니아
Venezuela	베네수엘라

Pays #2
국가 #2

Albanie	알바니아
Chine	중국
Danemark	덴마크
France	프랑스
Haïti	아이티
Indonésie	인도네시아
Irlande	아일랜드
Jamaïque	자메이카
Japon	일본
Kenya	케냐
Laos	라오스
Liban	레바논
Mexique	멕시코
Ouganda	우간다
Pakistan	파키스탄
Russie	러시아
Somalie	소말리아
Soudan	수단
Syrie	시리아
Ukraine	우크라이나

Paysages
풍경

Cascade	폭포
Colline	언덕
Désert	사막
Estuaire	하구
Fleuve	강
Geyser	간헐천
Glacier	빙하
Grotte	동굴
Iceberg	빙산
Île	섬
Lac	호수
Marais	늪
Mer	바다
Montagne	산
Oasis	오아시스
Péninsule	반도
Plage	해변
Toundra	동토대
Vallée	골짜기
Volcan	화산

Philanthropie
자선 활동

Besoin	필요
Buts	목표
Charité	자선
Communauté	커뮤니티
Contacts	연락처
Défis	도전
Enfants	어린이
Finance	금융
Fonds	자금
Gens	사람들
Générosité	관대
Global	글로벌
Groupes	그룹
Histoire	역사
Honnêteté	정직
Humanité	인류
Jeunesse	청소년
Mission	사명
Programmes	프로그램
Public	공공의

Physique
물리학

Accélération	가속
Atome	원자
Chaos	혼돈
Chimique	화학
Densité	밀도
Expansion	확장
Électron	전자
Formule	수식
Fréquence	빈도
Gaz	가스
Gravité	중력
Magnétisme	자기
Masse	질량
Mécanique	역학
Molécule	분자
Moteur	엔진
Nucléaire	핵
Particule	입자
Relativité	상대성
Vitesse	속도

Plantes
식물

Arbre	나무
Baie	베리
Bambou	대나무
Botanique	식물학
Buisson	부시
Cactus	선인장
Engrais	비료
Feuillage	잎
Fleur	꽃
Flore	플로라
Forêt	숲
Grandir	성장하다
Haricot	콩
Herbe	잔디
Jardin	정원
Lierre	아이비
Mousse	이끼
Pétale	꽃잎
Racine	뿌리
Végétation	초목

Professions #1
직업 #1

Ambassadeur	대사
Astronome	천문학자
Avocat	변호사
Banquier	은행가
Bijoutier	보석상
Cartographe	지도 제작자
Chasseur	사냥꾼
Danseur	댄서
Entraîneur	코치
Éditeur	편집자
Géologue	지질학자
Infirmière	간호사
Médecin	의사
Musicien	음악가
Pianiste	피아니스트
Plombier	배관공
Pompier	소방관
Psychologue	심리학자
Scientifique	과학자
Vétérinaire	수의사

Professions #2
직업 #2

Astronaute	우주 비행사
Bibliothécaire	사서
Biologiste	생물학자
Chercheur	연구원
Chirurgien	외과 의사
Dentiste	치과 의사
Détective	형사
Enseignant	선생님
Illustrateur	일러스트레이터
Ingénieur	엔지니어
Inventeur	발명자
Jardinier	정원사
Journaliste	기자
Linguiste	언어학자
Médecin	의사
Peintre	화가
Philosophe	철학자
Photographe	사진 작가
Pilote	조종사
Zoologiste	동물학자

Psychologie
심리학

Clinique	임상
Comportement	행동
Conflit	갈등
Ego	자아
Enfance	어린 시절
Expériences	경험
Émotions	감정
Évaluation	평가
Idées	아이디어
Inconscient	무의식
Influences	영향
Pensées	생각
Perception	지각
Personnalité	인격
Problème	문제
Rendez-Vous	약속
Réalité	현실
Rêves	꿈
Sensation	감각
Thérapie	요법

Randonnée
하이킹

Animaux	동물
Bottes	부츠
Camping	캠핑
Carte	지도
Climat	기후
Eau	물
Falaise	낭떠러지
Fatigué	피곤한
Guides	가이드
Lourd	무거운
Météo	날씨
Montagne	산
Nature	자연
Orientation	정위
Parcs	공원
Pierres	돌
Préparation	준비
Sauvage	야생
Soleil	태양
Sommet	서밋

Restaurant #2
레스토랑 #2

Apéritif	전채
Boisson	음료
Chaise	의자
Cuillère	숟가락
Déjeuner	점심
Délicieux	맛있는
Dîner	저녁 식사
Eau	물
Épices	향신료
Fourchette	포크
Fruit	과일
Gâteau	케이크
Glace	얼음
Légumes	채소
Nouilles	국수
Poisson	물고기
Salade	샐러드
Sel	소금
Serveur	웨이터
Soupe	수프

Santé et Bien-Être #1
건강 및 웰빙 #1

Actif	활동적인
Bactéries	박테리아
Blessure	부상
Clinique	진료소
Faim	굶주림
Fracture	골절
Habitude	습관
Hauteur	키
Hormone	호르몬
Médecin	의사
Médicament	약
Muscles	근육
Os	뼈
Peau	피부
Pharmacie	약국
Posture	자세
Réflexe	반사
Thérapie	요법
Traitement	치료
Virus	바이러스

Santé et Bien-Être #2
건강 및 웰빙 #2

Allergie	알레르기
Anatomie	해부
Appétit	식욕
Calorie	칼로리
Corps	몸
Déshydratation	탈수
Énergie	에너지
Génétique	유전학
Hôpital	병원
Hygiène	위생
Infection	감염
Maladie	질병
Massage	마사지
Nutrition	영양
Poids	무게
Récupération	회복
Sain	건강한
Sang	피
Stress	스트레스
Vitamine	비타민

Science
과학

Atome	원자
Chimique	화학
Climat	기후
Données	데이터
Expérience	실험
Évolution	진화
Fait	사실
Fossile	화석
Gravité	중력
Hypothèse	가설
Laboratoire	실험실
Méthode	방법
Minéraux	탄산수
Molécules	분자
Nature	자연
Observation	관찰
Organisme	유기체
Particules	입자
Physique	물리학
Scientifique	과학자

Science-Fiction
사이언스 픽션

Atomique	원자
Cinéma	영화
Dystopie	디스토피아
Explosion	폭발
Fantastique	환상적인
Feu	불
Futuriste	미래
Galaxie	은하
Illusion	환상
Imaginaire	상상의
Livres	책
Lointain	먼
Monde	세계
Mystérieux	신비한
Oracle	오라클
Planète	행성
Robots	로봇
Scénario	대본
Technologie	기술
Utopie	유토피아

Sport
스포츠

Athlète	선수
Capacité	능력
Corps	몸
Cyclisme	사이클링
Danse	춤
Diète	다이어트
Endurance	지구력
Entraîneur	코치
Étirement	스트레칭
Force	힘
Jogging	조깅
Maximiser	최대화
Muscles	근육
Nutrition	영양
Objectif	골
Os	뼈
Programme	프로그램
Santé	건강
Sports	스포츠

Technologie
기술

Blog	블로그
Caméra	카메라
Curseur	커서
Données	데이터
Écran	화면
Fichier	파일
Internet	인터넷
Logiciel	소프트웨어
Message	메시지
Navigateur	브라우저
Numérique	디지털
Octets	바이트
Ordinateur	컴퓨터
Police	글꼴
Recherche	연구
Sécurité	보안
Statistiques	통계
Virtuel	가상
Virus	바이러스

Temps
시간

Année	년
Annuel	연간
Après	후
Avant	전에
Bientôt	곧
Calendrier	달력
Décennie	십년
Futur	미래
Heure	시간
Hier	어제
Horloge	시계
Jour	일
Maintenant	지금
Matin	아침
Midi	정오
Minute	분
Mois	월
Nuit	밤
Semaine	주
Siècle	세기

Types de Cheveux
헤어 타입

Argent	은
Blanc	하얀
Blond	금발
Brillant	빛나는
Chauve	대머리
Court	짧은
Doux	부드러운
Épais	두꺼운
Frisé	곱슬
Gris	회색
Lisse	매끄러운
Long	긴
Marron	갈색
Mince	얇은
Noir	블랙
Sain	건강한
Sec	마른
Tresses	머리띠
Tressé	끈

Univers
유니버스

Astéroïde	소행성
Astronome	천문학자
Astronomie	천문학
Atmosphère	분위기
Ciel	하늘
Cosmique	우주
Équateur	적도
Galaxie	은하
Hémisphère	반구
Horizon	수평선
Latitude	위도
Longitude	경도
Lune	달
Obscurité	어둠
Orbite	궤도
Solaire	태양
Solstice	지점
Télescope	망원경
Visible	보이는
Zodiaque	조디악

Vacances #2
휴가 #2

Aéroport	공항
Camping	캠핑
Carte	지도
Destination	목적지
Étranger	외국인
Hôtel	호텔
Île	섬
Loisir	여가
Mer	바다
Passeport	여권
Plage	해변
Restaurant	식당
Réservations	전세
Taxi	택시
Tente	텐트
Train	기차
Transport	교통
Vacances	휴일
Visa	비자
Voyage	여행

Véhicules
차량

Ambulance	구급차
Avion	비행기
Bateau	배
Bus	버스
Camion	트럭
Caravane	캐러밴
Ferry	나룻배
Fusée	로켓
Hélicoptère	헬리콥터
Métro	지하철
Moteur	모터
Pneus	타이어
Radeau	뗏목
Scooter	스쿠터
Sous-Marin	잠수함
Taxi	택시
Tracteur	트랙터
Train	기차
Vélo	자전거
Voiture	차

Vêtements
의류

Bracelet	팔찌
Ceinture	벨트
Chapeau	모자
Chaussure	구두
Chemise	셔츠
Chemisier	블라우스
Collier	목걸이
Foulard	스카프
Gants	장갑
Jeans	청바지
Jupe	치마
Manteau	코트
Mode	패션
Pantalon	바지
Pull	스웨터
Pyjama	잠옷
Robe	드레스
Sandales	샌들
Tablier	앞치마
Veste	재킷

Ville
타운

Aéroport	공항
Banque	은행
Bibliothèque	도서관
Boulangerie	빵집
Cinéma	영화
Clinique	진료소
École	학교
Fleuriste	플로리스트
Galerie	갤러리
Hôtel	호텔
Librairie	서점
Marché	시장
Musée	박물관
Pharmacie	약국
Restaurant	식당
Stade	경기장
Supermarché	슈퍼마켓
Théâtre	극장
Université	대학
Zoo	동물원

Félicitations

Vous avez réussi !

Nous espérons que vous avez apprécié ce livre autant que nous avons pris plaisir à le concevoir. Nous faisons de notre mieux pour créer des livres de la meilleure qualité possible.
Cette édition est conçue pour permettre un apprentissage intelligent et de qualité en se divertissant !

Vous avez aimé ce livre ?

Une Simple Demande

Nos livres existent grâce aux avis que vous publiez. Pourriez-vous nous aider en laissant un avis maintenant ?

Voici un lien rapide qui vous mènera à votre page d'évaluation de vos commandes :

BestBooksActivity.com/Avis50

CHALLENGE FINAL !

Défi n°1

Êtes-vous prêt pour votre jeu bonus ? Nous les utilisons tout le temps mais ils ne sont pas si faciles à trouver. Voici les Synonymes !

Notez 5 mots que vous avez trouvés dans les puzzles notés ci-dessous (n°21, n°36, n°76) et essayez de trouver 2 synonymes pour chaque mot.

Notez 5 Mots du ***Puzzle 21***

Mots	Synonyme 1	Synonyme 2

Notez 5 Mots du ***Puzzle 36***

Mots	Synonyme 1	Synonyme 2

Notez 5 Mots du ***Puzzle 76***

Mots	Synonyme 1	Synonyme 2

Défi n°2

Maintenant que vous vous êtes échauffé, notez 5 mots que vous avez découverts dans les Puzzles n° 9, n° 17, n° 25 et essayez de trouver 2 antonymes pour chaque mot. Combien pouvez-vous en trouver en 20 minutes ?

*Notez 5 Mots du **Puzzle 9***

Mots	Antonyme 1	Antonyme 2

*Notez 5 Mots du **Puzzle 17***

Mots	Antonyme 1	Antonyme 2

*Notez 5 Mots du **Puzzle 25***

Mots	Antonyme 1	Antonyme 2

Défi n°3

Formidable ! Ce défi final  n'est rien pour vous.

Prêt pour le dernier défi ? Choisissez 10 mots que vous avez découverts parmi les différents puzzles et notez-les ci-dessous.

1.	6.
2.	7.
3.	8.
4.	9.
5.	10.

Maintenant, composez un texte en pensant à une personne, un animal ou un lieu que vous aimez !

Astuce: Vous pouvez utiliser la dernière page de ce livre comme brouillon !

Votre Composition :

CARNET DE NOTES :

À TRÈS BIENTÔT !

Toute l'équipe

www.ingramcontent.com/pod-product-compliance
Lightning Source LLC
Chambersburg PA
CBHW082204120626
46553CB00010B/3002
* 9 7 9 8 8 9 6 7 0 6 2 3 6 *